北京冠领律师事务所主任
周旭亮

北京冠领律师事务所执行主任
任战敏

周旭亮律师受邀参加法治节目
普法卫道，始终如一

周旭亮荣登《中华英才》
杂志封底人物并接受专访

任战敏律师受邀参加公益普法节目

北京冠领律师事务所全体成员合照

任战敏律师参加律协
“时代新人有律师”活动颁奖

《法治进行时》节目组到访
北京冠领律师事务所

周旭亮律师在法庭庭审现场

任战敏律师在法庭庭审现场

周旭亮律师收到委托人赠送的锦旗

冠领律所组织公益普法活动
“冠领律所走进社区”

北京冠领律师事务所
BEI JING GUAN LING LAW FIRM

北京广播电视台科教频道《法治进行时》之《法治热线》常驻嘉宾

胜诉共赢

民法典婚姻家庭编百问百答

冠领律所胜诉必备法宝

周旭亮　任战敏　著

中国法制出版社
CHINA LEGAL PUBLISHING HOUSE

目录
CONTENTS

婚姻篇

1. 有精神疾病影响离婚吗？ …… 003
2. 未经婚姻登记的婚姻关系是否受到法律保护？ …… 004
3. 同居该如何认定？ …… 005
4. 无效婚姻的财产如何分配？ …… 006
5. 被骗结婚了怎么办，可以主张撤销婚姻吗？ …… 007
6. 伪造离婚判决书后，和别人结婚，婚姻有效力吗？ …… 008
7. 订婚后悔婚，是否应当返还彩礼？ …… 010
8. 悔婚是否可以要回彩礼？ …… 011
9. 离婚后，还可以要求返还彩礼吗？ …… 012
10. 如何签订婚前协议？ …… 013
11. 婚前出轨协议的效力如何？ …… 014
12. 什么样的婚前协议无效？ …… 015
13. 婚姻的保证书是否具有法律效力？ …… 016
14. 违反忠诚义务是否可要求精神损害抚慰金？ …… 017
15. 夫妻结婚前的个人财产如何认定？ …… 018
16. 离婚时，可以要求分割一方的婚前财产吗？ …… 019
17. 一方的婚前个人财产能否转化为夫妻共同财产？ …… 020
18. 婚前个人财产离婚后要分割吗？ …… 021

19. 住房公积金是否为夫妻共同财产？ …… 022
20. 稿酬是否属于夫妻共同财产？ …… 024
21. 陪嫁是否属于夫妻共同财产？ …… 026
22. 婚前购入的股票婚后取得的收益，属于夫妻共同财产吗？ …… 027
23. 婚前房产婚后产生的收益，在离婚时可以分割吗？ …… 029
24. 婚前自建房拆迁后的补偿，属于夫妻共同财产吗？ …… 030
25. 婚后双方工资用途不同，都属于夫妻共同财产吗？ …… 031
26. 离婚时，养老保险金可以分割吗？ …… 033
27. 离婚可以主张分割基本养老金吗？ …… 034
28. 离婚后还能否分得婚姻存续期间的稿酬收益？ …… 035
29. 婚姻中，如何确保另一方补偿的财产属于自己个人财产？ …… 036
30. 离婚后如何取得企业合伙人地位？ …… 037
31. 夫妻离婚后，股东的配偶能否成为股东？ …… 039
32. 离婚后，能否再就财产分割问题提起诉讼？ …… 041
33. 婚姻存续期间可以起诉分割财产吗？ …… 042
34. 约定婚内财产各自所有的全职太太，离婚时能否要求对方补偿？ …… 043
35. 丈夫婚内转移财产，这种情况怎么办？ …… 044
36. 协议离婚时，对方转移财产怎么办？ …… 046
37. 夫妻离婚后的房产如何处理？ …… 047
38. 婚前买房，婚后以个人工资还贷，离婚时，房子是个人财产吗？ …… 048
39. 夫妻双方结婚后，一方父母出资首付登记在一方名下，夫妻双方还贷，房产如何分割？ …… 049
40. 丈夫瞒着妻子将夫妻共有房产抵押，抵押有效力吗？ …… 052
41. 在孩子名下的房产是夫妻共同财产吗？ …… 052
42. 只在房产证上写一方名字，房子还是夫妻共同财产吗？ …… 054
43. 离婚时，房屋还未取得房产证，如何处理？ …… 055
44. 离婚后未还完的房屋贷款由谁承担？ …… 056
45. 可以要求父亲的二婚妻子再婚后返还父亲的房产吗？ …… 057

46. 赌债是夫妻共同债务吗? …… 058

47. 夫妻一方的赌债，另一方是否有义务还款? …… 059

48. 夫妻一方赌博欠债是否为夫妻共同债务? …… 060

49. 丈夫欠下的赌债，妻子是否需要承担? …… 061

50. 前夫的债务，前妻是否有义务偿还? …… 063

51. 离婚协议约定债务由一方承担有效吗? …… 064

52. 离婚协议中关于夫妻共同债务的承担约定效力如何? …… 065

53. 夫妻共同债务如何分担? …… 067

54. 夫妻共同债务如何认定? …… 068

55. 夫妻婚内财产约定，能对抗第三人吗? …… 070

56. “假离婚”变真离婚，能否要回拆迁房? …… 071

57. 办理“假离婚”是否有风险? …… 072

58. “假离婚”有法律风险吗? …… 073

59. 遭遇家暴怎么办? …… 074

60. 遭受家暴能否起诉离婚? …… 075

61. 遭受家暴，可以申请人身安全保护吗? …… 077

62. 哪些证据可以认定为家暴? 面对家暴如何处理? …… 078

63. 如何保留被家暴的证据? …… 079

64. 遭遇家暴，离婚时能否提出损害赔偿? …… 080

65. 女方怀孕期间，男方能否提出离婚? …… 081

66. 女方在哺乳期可以提出离婚吗? …… 082

67. 一方不能生育，另一方起诉离婚，法院是否一定会判决离婚? …… 083

68. 妻子瞒着丈夫做流产手术，丈夫能否请求损害赔偿? …… 084

69. 女方擅自中止妊娠，男方能要求损害赔偿吗? …… 086

70. 探望权该如何约定? …… 087

71. 离婚后，一方拒绝另一方行使探望权，怎么办? …… 088

72. 离婚后，另一方把孩子藏起来怎么办? …… 089

73. 离婚后对方阻挠看望孩子，该如何行使探望权? …… 091

74. 祖父母有权探望孙子吗？ …… 092
75. 结婚证如何补办？ …… 094
76. 结婚证可以异地补办吗？ …… 095
77. 如何办理离婚手续？ …… 096
78. 办理离婚登记后反悔，要重新申请结婚吗？ …… 097
79. 签了离婚协议能反悔吗？ …… 098
80. 签订离婚协议后，一方反悔，离婚协议是否有效？ …… 099
81. 签订财产分割协议后后悔怎么办？ …… 100
82. 复婚后，原离婚协议的财产分割约定还是否有效？ …… 101
83. 分居满 2 年婚姻关系就自动解除了吗？ …… 102
84. 离婚时，夫妻一方身在国外，另一方如何起诉离婚？ …… 104
85. 夫妻一方下落不明，另一方如何才能办理离婚？ …… 105
86. 一方入狱，另一方在外地打工，如何起诉离婚？ …… 106
87. 诉讼离婚是否可以申请不公开审理？ …… 107
88. 离婚后，户口要如何处理？ …… 108
89. 拿到离婚判决书还需要办理离婚证吗？ …… 110
90. 离婚判决书丢了，影响复婚吗？ …… 111
91. 对方不履行离婚协议，能否申请强制执行？ …… 112
92. 婚姻关系存续期间，能否追回配偶赠与第三者的财产？ …… 113
93. 婚内孩子非亲生，离婚时可以要求对方支付精神损失费吗？ …… 114
94. 姓氏一定要跟随爸爸或者妈妈吗？ …… 115
95. 再婚后可以给孩子改姓吗？ …… 116
96. 赠与合同可以撤销吗？ …… 117
97. 夫妻之间订立的借款协议有效吗？ …… 119
98. 夫妻间的借款如何处理？ …… 120
99. 一方放弃继承权，是否侵害另一方合法权益？ …… 121
100. 婆婆可以限制儿媳改嫁吗？ …… 122

继承篇

1. 遗嘱能不能找律师代写？ …… 127

2. 无人继承的遗产如何处理？ …… 128

3. 代书遗嘱符合什么条件才有效呢？ …… 129

4. 以赠与房产的方式换取养老该怎么办？ …… 130

5. 丈夫婚后继承父母的房产，是夫妻共同财产吗？ …… 131

6. 丧偶儿媳能继承公婆的遗产吗？ …… 132

7. 胎儿有继承权吗？ …… 133

8. 赡养人应该怎么支付赡养费？ …… 134

9. 什么情况下会丧失继承权？ …… 135

10. 丈夫和前妻生的孩子可以分遗产吗？ …… 136

11. 丈夫突然死亡，二审法院终止离婚，妻子还有权继承丈夫的遗产吗？ …… 138

12. 父亲先于爷爷死亡，儿子有继承权吗？ …… 139

13. 继承权的放弃可以撤销吗？ …… 140

14. 口头遗嘱的效力如何？ …… 142

15. 法定继承人继承房产需要交税吗？ …… 143

16. 出嫁的女儿还有继承权吗？ …… 144

17. 公租房可以作为遗产继承吗？ …… 146

18. 保险金能否用于清偿债务？ …… 147

19. 继子女可以继承继父母的遗产吗？ …… 148

20. 约定继承权有效吗？ …… 150

21. 限制老婆改嫁的遗嘱生效吗？ …… 151

22. 孙女可以继承爷爷的房产吗？ …… 153

23. 非婚生子可以要求继承分配吗？ …… 154

24. 法定继承的情形有哪些？ …… 155

25. 儿媳有继承权吗？ …… 157

26. 遗嘱的效力如何？ …… 158

27. 遗嘱继承的房屋可以直接过户吗？ …… 159
28. 继承人代书的遗嘱有效吗？ …… 160
29. 被继承人和继承人同时死亡，该如何继承？ …… 162
30. 已经出售过户的房屋，还能通过遗嘱分配吗？ …… 163
31. 接受遗赠的人有义务偿还债务吗？ …… 164
32. 有遗嘱就一定能拿到房吗？ …… 166
33. 继承人需要清偿被继承人的债务吗？ …… 167
34. 监护人的职责有哪些？ …… 168
35. 公证遗嘱的效力如何？ …… 169
36. 如何办理公证遗嘱？ …… 170
37. 独生子可以继承父母的全部遗产吗？ …… 170
38. 篡改遗嘱内容被发现，还能继承遗产吗？ …… 172
39. 照顾独居老人能分得遗产吗？ …… 173
40. 电子邮件所立遗嘱有效吗？ …… 174
41. 自然人可以设立遗嘱信托吗？ …… 174
42. 没有公证人也没有见证人的遗嘱有效吗？ …… 176
43. 再婚后，遗产该如何继承？ …… 177
44. 父债子偿是法律规定的吗？ …… 178
45. 精神病人是否具有继承权？ …… 179

抚养收养篇

1. 如何申请撤销监护人资格？ …… 183
2. 确认抚养权需要征求孩子的意见吗？ …… 184
3. 如何保护胎儿利益？ …… 185
4. 离婚后还要支付继子女抚养费吗？ …… 186
5. 可以收养几个孩子？ …… 187
6. 抚养权变更问题 …… 188

7. 单亲妈妈如何给孩子上户口？ …… 189

8. 抚养费等于生活费吗？ …… 190

9. 孩子的抚养费该如何约定？ …… 191

10. 未婚未育的成年人收养孩子需要满足哪些条件？ …… 192

11. 未婚妈妈可以向男朋友索要抚养费吗？ …… 192

12. 夫妻育有一子女，是否还可以收养孩子？ …… 193

13. 夫妻离婚，孩子抚养权如何归属？ …… 194

14. 养子女是否对生父母有赡养义务？ …… 195

15. 成年子女上大学后，父母还有义务支付抚养费吗？ …… 196

16. 一次性付清抚养费后还可要求增加吗？ …… 197

17. 离婚后经济困难，可以向前夫主张抚养费吗？ …… 198

18. 被收养人能否继承亲生父母的财产？ …… 199

19. 拒绝支付抚养费怎么办？ …… 200

20. 离婚多年后，可以要回抚养权吗？ …… 201

21. 大学生能否请求父母给付抚养费？ …… 202

婚姻篇

1. 有精神疾病影响离婚吗？

案情简介

丈夫郭某患有精神疾病，与妻子古某结婚 10 年之久仍未治愈，两人分居 4 年后，古某以夫妻之间感情破裂为由，起诉离婚。她的诉讼请求能得到法院支持吗？

律师说法

《中华人民共和国民法典》第一千零五十三条规定，一方患有重大疾病的，应当在结婚登记前如实告知另一方；不如实告知的，另一方可以向人民法院请求撤销婚姻。请求撤销婚姻的，应当自知道或者应当知道撤销事由之日起 1 年内提出。

本案中，两人的婚姻关系已经存续了 10 年，且婚后郭某的精神疾病一直未治愈，可知古某在婚后即得知了郭某患有精神疾病，自古某知道撤销事由起已经超过了 1 年的除斥期间，因此古某已经不符合请求人民法院撤销婚姻的条件。

但是根据《中华人民共和国民法典》第一千零七十九条第三款第四项的规定，因感情不和分居满 2 年，调解无效的，应当准予离婚。

本案中，郭某与古某因感情不和，处于分居状态已有 4 年，可以视为夫妻感情已经破裂。因此，古某的离婚请求，有望获得人民法院的支持。

法条链接

《中华人民共和国民法典》

第一千零五十三条 一方患有重大疾病的，应当在结婚登记前如实告知另一方；不如实告知的，另一方可以向人民法院请求撤销婚姻。

请求撤销婚姻的，应当自知道或者应当知道撤销事由之日起一年内提出。

2. 未经婚姻登记的婚姻关系是否受到法律保护？

案情简介

连女士前些年经人介绍认识了丈夫，他们摆了酒席但是没有领结婚证，请问这种婚姻受法律保护吗？

律师说法

《中华人民共和国民法典》第一千零四十九条规定，要求结婚的男女双方应当亲自到婚姻登记机关申请结婚登记。符合本法规定的，予以登记，发给结婚证。完成结婚登记，即确立婚姻关系。未办理结婚登记的，应当补办登记。

婚姻登记是结婚的必经法律程序。若不经登记就以夫妻名义同居，在法律上是非婚姻状态。事实婚姻在 1994 年 2 月 1 日之前是受到法律保护的，之后则必须办理结婚登记才算确立婚姻关系。

法条链接

《中华人民共和国民法典》

第一千零四十九条 要求结婚的男女双方应当亲自到婚姻登记机关申请结婚登记。符合本法规定的，予以登记，发给结婚证。完成结婚登

记，即确立婚姻关系。未办理结婚登记的，应当补办登记。

《最高人民法院关于适用〈中华人民共和国民法典〉婚姻家庭编的解释（一）》

第七条 未依据民法典第一千零四十九条规定办理结婚登记而以夫妻名义共同生活的男女，提起诉讼要求离婚的，应当区别对待：

（一）1994 年 2 月 1 日民政部《婚姻登记管理条例》公布实施以前，男女双方已经符合结婚实质要件的，按事实婚姻处理。

（二）1994 年 2 月 1 日民政部《婚姻登记管理条例》公布实施以后，男女双方符合结婚实质要件的，人民法院应当告知其补办结婚登记。未补办结婚登记的，依据本解释第三条规定处理。

3. 同居该如何认定？

案情简介

法律意义上的同居有什么具体规定吗，开房两天算同居吗，一起买房算同居吗，一夜情后怀孕算同居吗？

律师说法

《最高人民法院关于适用〈中华人民共和国民法典〉婚姻家庭编的解释（一）》第二条规定，《中华人民共和国民法典》第一千零四十二条、第一千零七十九条、第一千零九十一条规定的“与他人同居”的情形，是指有配偶者与婚外异性，不以夫妻名义，持续、稳定地共同居住。

法律意义上的同居要求具有持续性，在司法实践中一般是要共同居住 2 个月以上，且能够提供证据证明，才能认定为有配偶者与婚外异性同居的情形，此时离婚才可以主张《中华人民共和国民法典》规定的离婚损害赔偿。因一夜情有了孩子、开房生活两天的情形都不具有持续性，不属于与婚外异性同居的情形，但是确实违背了法律规定的夫妻之间的忠实义务。

法条链接

《最高人民法院关于适用〈中华人民共和国民法典〉婚姻家庭编的解释（一）》

第二条 民法典第一千零四十二条、第一千零七十九条、第一千零九十一条规定的“与他人同居”的情形，是指有配偶者与婚外异性，不以夫妻名义，持续、稳定地共同居住。

4. 无效婚姻的财产如何分配?

案情简介

小玲在17岁时，嫁给了大自己6岁的小刚。后来，这段婚姻关系被宣告无效。小玲想知道，无效婚姻中的财产该如何分配?

律师说法

《中华人民共和国民法典》第一千零五十四条第一款规定，无效的或者被撤销的婚姻自始没有法律约束力，当事人不具有夫妻的权利和义务。同居期间所得的财产，由当事人协议处理；协议不成的，由人民法院根据照顾无过错方的原则判决。对重婚导致的无效婚姻的财产处理，不得侵害合法婚姻当事人的财产权益。当事人所生的子女，适用本法关于父母子女的规定。

《最高人民法院关于适用〈中华人民共和国民法典〉婚姻家庭编的解释（一）》第三条规定，当事人提起诉讼仅请求解除同居关系的，人民法院不予受理；已经受理的，裁定驳回起诉。当事人因同居期间财产分割或者子女抚养纠纷提起诉讼的，人民法院应当受理。

在司法实践中，婚姻关系被宣告无效后同居期间的财产由当事人协议分割，协议不成的，应以同居期间财产分割为由，申请法院依法作出判决。已经形成共有的，按照共有的一般规则处理；没有形成共有的，按照各自的财产归个人的原则处理；无法确认财产所有的性质的，按照共有处理。

法条链接

《中华人民共和国民法典》

第一千零五十四条 无效的或者被撤销的婚姻自始没有法律约束力，当事人不具有夫妻的权利和义务。同居期间所得的财产，由当事人协议处理；协议不成的，由人民法院根据照顾无过错方的原则判决。对重婚导致的无效婚姻的财产处理，不得侵害合法婚姻当事人的财产权益。当事人所生的子女，适用本法关于父母子女的规定。

婚姻无效或者被撤销的，无过错方有权请求损害赔偿。

《最高人民法院关于适用〈中华人民共和国民法典〉婚姻家庭编的解释（一）》

第三条 当事人提起诉讼仅请求解除同居关系的，人民法院不予受理；已经受理的，裁定驳回起诉。

当事人因同居期间财产分割或者子女抚养纠纷提起诉讼的，人民法院应当受理。

5. 被骗结婚了怎么办，可以主张撤销婚姻吗？

案情简介

朱女士和王先生认识后，各自互有好感，正常交往。朱女士认为王先生一直对谈婚论嫁只字不提，后来也试探过几次，但王先生以生意忙等各种理由推脱掉了，朱女士不打算放弃，于是便告诉对方自己怀孕了，男方不想影响自己的声誉，便低调领证。而婚后种种迹象和证据表明，朱女士是以假怀孕欺骗王先生和她结婚，王先生打算撤销婚姻，可以吗？

律师说法

结婚必须男女双方完全自愿，不许任何一方对他方加以强迫或任何第三者加以干涉。依据《中华人民共和国民法典》的规定，因胁迫结婚的，受胁迫的一方可以向人民法院请求撤销婚姻。请求撤销婚姻的，应当自胁迫行为终止之日起 1 年内提出。被非法限制人身自由的当事人请求撤销婚姻的，应当自恢复人身自由之日起 1 年内提出。

在本案中，如果王先生和朱女士因胁迫结婚，作为受胁迫的一方，王先生可以向婚姻登记机关或人民法院请求撤销该婚姻，但应注意自结婚登记之日起 1 年内提出。

法条链接

《中华人民共和国民法典》

第一千零五十二条 因胁迫结婚的，受胁迫的一方可以向人民法院请求撤销婚姻。

请求撤销婚姻的，应当自胁迫行为终止之日起一年内提出。

被非法限制人身自由的当事人请求撤销婚姻的，应当自恢复人身自由之日起一年内提出。

6. 伪造离婚判决书后，和别人结婚，婚姻有效力吗？

案情简介

孙女士的丈夫伪造了民事离婚判决书，跟其他人办理了结婚证，现育有一子，2019 年 2 月孙女士发现此事，之后就联系不上丈夫了。她

的婚姻还有效力吗?

律师说法

伪造的离婚判决书并不能起到解除前一段婚姻的作用，所以前一段婚姻依然有效。该行为构成重婚罪，后一段属于无效婚姻，当事人不具有夫妻的权利和义务。此外，伪造离婚判决书是违法的，实践中，有些人为了与第三人结婚、诈骗等选择伪造离婚判决书，其行为已构成伪造国家机关公文罪。

切记裁判文书是人民法院代表国家行使审判权适用法律解决纠纷的载体，是明确当事人法律权利义务的重要凭证，具有高度的严肃性和权威性。任何非法篡改、伪造、变造裁判文书的行为都严重了损害司法权威。无论出于何种目的，公民都不能伪造、变造国家机关的公文、证件、印章，否则将触犯刑法，被追究刑事责任。

另外，完成离婚登记，或者离婚判决书、调解书生效，即解除婚姻关系。

法条链接

《中华人民共和国民法典》

第一千零五十一条 有下列情形之一的，婚姻无效:

(一)重婚;

(二)有禁止结婚的亲属关系;

(三)未到法定婚龄。

第一千零八十条 完成离婚登记，或者离婚判决书、调解书生效，即解除婚姻关系。

《中华人民共和国刑法》

第二百五十八条 有配偶而重婚的，或者明知他人有配偶而与之结婚的，处二年以下有期徒刑或者拘役。

7. 订婚后悔婚，是否应当返还彩礼？

案情简介

王先生和女朋友订婚了但还没结婚，支付了20万元彩礼，现发现与对方性格不合，不准备结婚了，问彩礼能否退还？

律师说法

彩礼可以退还。

根据《最高人民法院关于适用〈中华人民共和国民法典〉婚姻家庭编的解释（一）》第五条的规定，当事人请求返还按照习俗给付的彩礼的，如果查明属于以下情形，人民法院应当予以支持：1. 双方未办理结婚登记手续；2. 双方办理结婚登记手续但确未共同生活；3. 婚前给付并导致给付人生活困难。适用前款第二项、第三项的规定，应当以双方离婚为条件。

如双方已经订婚，但还没有结婚，可以主张退还彩礼。如果对方拒绝退还，可以选择到法院起诉。

法条链接

《最高人民法院关于适用〈中华人民共和国民法典〉婚姻家庭编的解释（一）》

第五条 当事人请求返还按照习俗给付的彩礼的，如果查明属于以下情形，人民法院应当予以支持：

（一）双方未办理结婚登记手续；

（二）双方办理结婚登记手续但确未共同生活；

（三）婚前给付并导致给付人生活困难。

适用前款第二项、第三项的规定，应当以双方离婚为条件。

8. 悔婚是否可以要回彩礼？

案情简介

李先生和女友订婚，给了对方 10 万元彩礼，并签订了一份书面协议，约定“如果男方退婚，则不退彩礼”。现在李先生想退婚，问能否要回给对方的彩礼？

律师说法

双方并未登记结婚，彩礼应返还。

关于双方签订的协议，因其中将婚姻关系是否成立作为彩礼是否返还的条件，而婚姻关系属身份关系，彩礼返还属财产关系，二者不能互为条件，且此协议亦有悖于公序良俗原则，故该协议应为无效协议。若以签订了协议为由拒不返还彩礼，不能得到法律支持。

根据法律规定，在 3 种情形下需要返还彩礼：1. 没有领结婚证；2. 领了结婚证但未共同生活，后又离婚的；3. 领了结婚证，但婚前给付彩礼并导致支付人生活困难，后又离婚的。

法条链接

《最高人民法院关于适用〈中华人民共和国民法典〉婚姻家庭编的解释（一）》

第五条　当事人请求返还按照习俗给付的彩礼的，如果查明属于以下情形，人民法院应当予以支持：

（一）双方未办理结婚登记手续；

（二）双方办理结婚登记手续但确未共同生活；

（三）婚前给付并导致给付人生活困难。

适用前款第二项、第三项的规定，应当以双方离婚为条件。

9. 离婚后，还可以要求返还彩礼吗？

案情简介

郭先生和王女士通过微信聊天认识，相识仅10余天便登记结婚，结婚当天郭先生给了王女士10万元彩礼。郭先生婚后一直对王女士很好，不料才共同生活了1个月，王女士便以夫妻感情不和为由到法院起诉离婚。郭先生想问他可以要求王女士返还彩礼吗？

律师说法

可视具体情况酌情返还。彩礼是为了促成婚约的建立及婚后夫妻共同生活而发生的一种赠与，给付彩礼多是迫于地方习俗或是给付彩礼一方对今后共同生活的一种承诺和期许，是具有一定目的性及附条件的。郭先生和王女士通过微信聊天短暂相识后便结婚，结婚不到1个月的时间王女士便提出离婚。在郭先生没有明显过错的情况下，不排除王女士存在借婚姻索取财物的可能。所以，女方可酌情返还部分彩礼。

在司法实践中，对于彩礼的纷争很多，对此，《最高人民法院关于适用〈中华人民共和国民法典〉婚姻家庭编的解释（一）》第五条进行了相应的规定，当事人请求返还按照习俗给付的彩礼的，如果查明属于以下情形，人民法院应当予以支持：1. 双方未办理结婚登记手续；2. 双方办理结婚登记手续但确未共同生活；3. 婚前给付并导致给付人生活困难。适用前款第二项、第三项的规定，应当以双方离婚为条件。

一般来说，符合上述情况的才能够返还彩礼。

法条链接

《中华人民共和国民法典》

第一千零四十二条第一款 禁止包办、买卖婚姻和其他干涉婚姻自

由的行为。禁止借婚姻索取财物。

《最高人民法院关于适用〈中华人民共和国民法典〉婚姻家庭编的解释（一）》

第五条 当事人请求返还按照习俗给付的彩礼的，如果查明属于以下情形，人民法院应当予以支持：

（一）双方未办理结婚登记手续；

（二）双方办理结婚登记手续但确未共同生活；

（三）婚前给付并导致给付人生活困难。

适用前款第二项、第三项的规定，应当以双方离婚为条件。

10. 如何签订婚前协议？

案情简介

陆先生和张女士打算结婚，二人各自都有工作和房产，二人打算在婚前签一份婚前协议，把相关问题明确好，那么，这份婚前协议一般包含哪些内容，有哪些重要的部分，该如何约定？

律师说法

婚前协议的组成结构相对简单，主要包括时间、地点、缔约双方、约定财产范围，财产归属或分割方式。最重要的部分是财产归属约定。我国法律规定，双方可以约定结婚以前及婚姻关系存续期间所得的财产归属，如归各自所有、共同所有、部分各自所有、部分共同所有。

如果双方各自有婚前财产，婚前财产的罗列要明确“婚前财产包括什么”和“属于谁”的问题；婚后财产的共有方式，双方约定对婚后财产的共有各占多大比例，以及一些特定权益的归属问题。

法条链接

《中华人民共和国民法典》

第一千零六十五条第一款 男女双方可以约定婚姻关系存续期间所得的财产以及婚前财产归各自所有、共同所有或者部分各自所有、部分共同所有。约定应当采用书面形式。没有约定或者约定不明确的，适用本法第一千零六十二条、第一千零六十三条的规定。

11. 婚前出轨协议的效力如何？

案情简介

赵先生最近想要和女朋友结婚，但女朋友想和自己签订一份婚前协议，约定如果双方任何一方出轨则自动同意签署离婚协议，这个约定可行吗？

律师说法

《中华人民共和国民法典》对于夫妻之间忠诚义务的规定是：夫妻应当互相忠实，互相尊重，互相关爱。在司法实践中，“忠诚协议”所涉出轨就离婚的约定因涉身份关系而无效。

在我国，离婚协议自夫妻双方签字时成立，双方自愿办理离婚手续时生效，没有经过民政部门的确认并不影响其效力。

法条链接

《中华人民共和国民法典》

第一千零四十三条 家庭应当树立优良家风，弘扬家庭美德，重视家庭文明建设。

夫妻应当互相忠实，互相尊重，互相关爱；家庭成员应当敬老爱幼，

互相帮助，维护平等、和睦、文明的婚姻家庭关系。

第一千零七十六条 夫妻双方自愿离婚的，应当签订书面离婚协议，并亲自到婚姻登记机关申请离婚登记。

离婚协议应当载明双方自愿离婚的意思表示和对子女抚养、财产以及债务处理等事项协商一致的意见。

12. 什么样的婚前协议无效？

案情简介

李女士和丈夫王某结婚时，为保障婚姻长久，两人订立了《婚前协议》，约定婚后无论哪一方先提出离婚，都要赔偿对方10万元。李女士婚后发现，丈夫王某好吃懒做，两人多次发生争吵，李女士提出离婚，可王某拿出《婚前协议》，要求李女士赔偿10万元。李女士想知道，自己提出离婚是否一定要支付给王某10万元？

律师说法

《中华人民共和国民法典》第一千零四十一条规定，婚姻家庭受国家保护。实行婚姻自由、一夫一妻、男女平等的婚姻制度。

婚姻自由，包括结婚自由和离婚自由。在实践中任何给离婚设置了障碍的《婚前协议》，都是违反婚姻自由原则的无效协议。

法条链接

《中华人民共和国民法典》

第一千零四十一条 婚姻家庭受国家保护。

实行婚姻自由、一夫一妻、男女平等的婚姻制度。

保护妇女、未成年人、老年人、残疾人的合法权益。

13. 婚姻的保证书是否具有法律效力？

案情简介

王女士想让丈夫写下对婚姻的保证书，她想知道保证书有法律效力吗？让丈夫怎么写保证书才具有法律效力？

律师说法

在实践中，保证书一般是在夫妻一方出现过错的情况下，由过错一方出具给另外一方的。

它的意义在于：第一，保证书中可以明确一方的过错事实，如什么时间发生了什么事情，保证书中关于事实的表述，将来可以作为证明一方过错的有力证据。

第二，保证书中可以对财产进行约定，如过错一方将个人财产赠与对方作为补偿，或者约定夫妻共同财产归一方个人所有，这种对财产的处理也具有法律效力，但是不能附加前提条件。

值得注意的是，在司法实践中，关于保证书中“净身出户”的约定基本会被认定为无效，如“一方出轨，则放弃全部财产，净身出户”。类似内容基本是无效的，但是保证书中可以约定一方出现过错情况下的赔偿责任。

法条链接

《中华人民共和国民法典》

第一百四十三条 具备下列条件的民事法律行为有效：

（一）行为人具有相应的民事行为能力；

（二）意思表示真实；

（三）不违反法律、行政法规的强制性规定，不违背公序良俗。

14. 违反忠诚义务是否可要求精神损害抚慰金？

案情简介

在王女士怀二胎期间，丈夫赵某欺骗自己要买房“假离婚”，两人协议离婚后的4个月，王女士要求复婚时，赵某却拒绝复婚。后来王女士发现，赵某已“另立家室”且生有一女，与自己刚生的儿子仅差一周。王女士要求男方赔偿精神损害抚害金是否可以得到支持？

律师说法

《中华人民共和国民法典》第一千零九十一条规定，有下列情形之一，导致离婚的，无过错方有权请求损害赔偿：1. 重婚；2. 与他人同居；3. 实施家庭暴力；4. 虐待、遗弃家庭成员；5. 有其他重大过错。

王女士虽然在离婚时不知道赵某已另立家室且生有一女，但赵某欺骗王女士离婚的原因是其“另立家室”，王女士作为无过错方有权请求损害赔偿。

《最高人民法院关于适用〈中华人民共和国民法典〉婚姻家庭编的解释（一）》第八十六条规定，《中华人民共和国民法典》第一千零九十一条规定的“损害赔偿”，包括物质损害赔偿和精神损害赔偿。涉及精神损害赔偿的，适用《最高人民法院关于确定民事侵权精神损害赔偿责任若干问题的解释》的有关规定。因此，王女士要求男方赔偿精神损害抚慰金可以得到支持。

法条链接

《中华人民共和国民法典》

第一千零四十三条 家庭应当树立优良家风，弘扬家庭美德，重视家庭文明建设。

夫妻应当互相忠实，互相尊重，互相关爱；家庭成员应当敬老爱幼，互相帮助，维护平等、和睦、文明的婚姻家庭关系。

第一千零九十一条 有下列情形之一，导致离婚的，无过错方有权请求损害赔偿：

（一）重婚；

（二）与他人同居；

（三）实施家庭暴力；

（四）虐待、遗弃家庭成员；

（五）有其他重大过错。

《最高人民法院关于适用〈中华人民共和国民法典〉婚姻家庭编的解释（一）》

第八十六条 民法典第一千零九十一条规定的“损害赔偿”，包括物质损害赔偿和精神损害赔偿。涉及精神损害赔偿的，适用《最高人民法院关于确定民事侵权精神损害赔偿责任若干问题的解释》的有关规定。

15. 夫妻结婚前的个人财产如何认定?

案情简介

宋女士来电咨询，她和丈夫现在还没有领证，丈夫家里的房子拆迁后分了三套房子，但是以其父亲的名义分的，现在其父亲去世，房子证件还没有下来，其父亲只有丈夫一个继承人，宋女士想问如果他们现在领结婚证，这三套房子就是属于他们的共同财产吗？

律师说法

这三套房子属于宋女士丈夫的婚前财产，不会因为两人领结婚证就变成他们的共同财产。

虽然三套房子在婚前还没有办理转移登记，但是根据法律规定，宋女士丈夫的父亲去世时，继承就开始发生了，丈夫就取得了遗产的所有权。

婚前财产是指在结婚前夫妻一方就已经取得的财产。夫妻一方的婚前财产，不管是动产还是不动产，是有形财产还是无形财产，只要合法取得，就依法受到法律保护。判断是否属于婚前财产的关键在于财产权的取得时间是婚前还是婚后。

法条链接

《中华人民共和国民法典》

第一千零六十三条 下列财产为夫妻一方的个人财产：

（一）一方的婚前财产；

（二）一方因受到人身损害获得的赔偿或者补偿；

（三）遗嘱或者赠与合同中确定只归一方的财产；

（四）一方专用的生活用品；

（五）其他应当归一方的财产。

16. 离婚时，可以要求分割一方的婚前财产吗？

案情简介

黄先生婚后用自己婚前的存款买了套商品房，登记在自己名下。最近妻子想离婚，声称要到法院起诉要求分割该房产。黄先生想问，妻子有权要求分割该房产吗？

律师说法

黄先生的妻子无权分割该房产。婚前的个人存款属婚前个人财产，用该存款购房只是个人财产的形式发生了改变，不会改变个人财产的根本性质，该房屋仍应属个人财产。黄先生用个人财产所购房屋不论是投资还是居住，房屋本身只是一种财产形式的变化，并不能视为收益，不会转化为夫妻共同财产。

在司法实践中，若打算将自己的婚前财产在婚后归双方共同所有，可以制定一份婚前协议，在协议中注明在婚后将个人婚前财产转为夫妻共同所有财产的具体情况。签署婚前协议时，应在协议中注明双方在婚前已经取得的财产的范围，包括：不动产如房屋、汽车、商铺等；动产如存款、股票、金银珠宝等。

法条链接

《中华人民共和国民法典》

第一千零六十三条　下列财产为夫妻一方的个人财产：

（一）一方的婚前财产；

（二）一方因受到人身损害获得的赔偿或者补偿；

（三）遗嘱或者赠与合同中确定只归一方的财产；

（四）一方专用的生活用品；

（五）其他应当归一方的财产。

《最高人民法院关于适用〈中华人民共和国民法典〉婚姻家庭编的解释（一）》

第三十一条　民法典第一千零六十三条规定为夫妻一方的个人财产，不因婚姻关系的延续而转化为夫妻共同财产。但当事人另有约定的除外。

17. 一方的婚前个人财产能否转化为夫妻共同财产？

案情简介

陆先生与王女士双方都是再婚，各有一个小孩。为筹备结婚，陆先

生出钱购买了一套住宅。另外，陆先生还有一个店面在对外出租。这两件不动产都是他的个人财产。结婚后，陆先生这些个人财产会不会转化为夫妻共同财产？

律师说法

这里要区分婚前财产和婚后财产。婚前个人财产不会因婚姻关系的延续而转化为夫妻共同财产。而在夫妻关系存续期间，夫妻一方工资、奖金及生产、经营等收益都是自动作为夫妻共同财产处理的。如果妻子王女士想要取得丈夫陆先生婚前的个人财产，可以通过双方约定的方式来实现，但是无法自动获得丈夫婚前个人财产的份额。

在司法实践中，当事人完全可以通过事先约定的方式来进行财产归属问题等的约定，以避免不必要的纷争。而且在现实生活中，夫妻一方的个人婚前财产，不因婚姻关系的存续而转化为夫妻共同财产。能证明是以婚前财产出资购买或置换的财产部分，不会因婚前财产的形态变化而成为夫妻共同财产。

法条链接

《最高人民法院关于适用〈中华人民共和国民法典〉婚姻家庭编的解释（一）》

第三十一条　民法典第一千零六十三条规定为夫妻一方的个人财产，不因婚姻关系的延续而转化为夫妻共同财产。但当事人另有约定的除外。

18. 婚前个人财产离婚后要分割吗？

案情简介

张先生和赵女士因性格不合离婚，张先生想分割赵女士婚前就有的一套价值千万元的珠宝，便向法院提起诉讼请求分割。那么张先生有权分割该套珠宝吗？

律师说法

张先生无权分割该套珠宝，因为其属于赵女士的婚前个人财产。根据《中华人民共和国民法典》第一千零六十三条的规定，下列财产为夫妻一方的个人财产：1. 一方的婚前财产；2. 一方因受到人身损害获得的赔偿或者补偿；3. 遗嘱或者赠与合同中确定只归一方的财产；4. 一方专用的生活用品；5. 其他应当归一方的财产。本案中赵女士的珠宝即属于第一种情况，因此张先生无权提出分割。

法条链接

《中华人民共和国民法典》

第一千零六十三条 下列财产为夫妻一方的个人财产：

（一）一方的婚前财产；

（二）一方因受到人身损害获得的赔偿或者补偿；

（三）遗嘱或者赠与合同中确定只归一方的财产；

（四）一方专用的生活用品；

（五）其他应当归一方的财产。

第一千零八十七条第一款 离婚时，夫妻的共同财产由双方协议处理；协议不成的，由人民法院根据财产的具体情况，按照照顾子女、女方和无过错方权益的原则判决。

19. 住房公积金是否为夫妻共同财产？

案情简介

赵女士婚后夫妻感情不和，离婚时对住房公积金的分割产生争议。

赵女士认为婚后丈夫的住房公积金是夫妻共同财产应当分割，而赵女士的丈夫则认为，公积金不符合法律规定可以提取的条件，不能分割，赵女士的请求能被支持吗？

律师说法

男女双方实际取得或应当取得的住房补贴、住房公积金属于夫妻共同所有的财产。

《最高人民法院关于适用〈中华人民共和国民法典〉婚姻家庭编的解释（一）》第二十五条第二项规定，婚姻关系存续期间，男女双方实际取得或者应当取得的住房补贴、住房公积金属于《中华人民共和国民法典》第一千零六十二条规定的“其他应当归共同所有的财产”。即在婚姻存续期间所得或者应得的住房公积金，应当认定为夫妻共同财产。但是，《住房公积金管理条例》第二十四条规定了六种提取住房公积金的情况，而离婚并不属于法定提取住房公积金的事由，但并非暂时无法提取就不能分割。

一般可先计算出双方婚姻关系存续期间的住房公积金的总额。对于当事人双方都尚存有住房补贴或者公积金的，计算出双方婚姻关系存续期间各自尚存的资金总额及个人分割得到的公积金数额。由于双方各自名下的公积金数额不均等以及住房公积金的提取需要一定条件，可以考虑由一方给予另一方合理的差价补偿，使双方所得资金相当。对于仅有一方持有公积金的，则直接予以对半分割。由于住房公积金的提取需要满足一定条件，因此，法院可以判决（或调解）名下拥有公积金一方将公积金数额的一半以现金折价的方式直接给付另一方。

法条链接

《最高人民法院关于适用〈中华人民共和国民法典〉婚姻家庭编的解释（一）》

第二十五条 婚姻关系存续期间，下列财产属于民法典第一千零六十二条规定的“其他应当归共同所有的财产”：

（一）一方以个人财产投资取得的收益；

（二）男女双方实际取得或者应当取得的住房补贴、住房公积金；

（三）男女双方实际取得或者应当取得的基本养老金、破产安置补偿费。

《住房公积金管理条例》

第二十四条 职工有下列情形之一的，可以提取职工住房公积金账户内的存储余额：

（一）购买、建造、翻建、大修自住住房的；

（二）离休、退休的；

（三）完全丧失劳动能力，并与单位终止劳动关系的；

（四）出境定居的；

（五）偿还购房贷款本息的；

（六）房租超出家庭工资收入的规定比例的。

依照前款第（二）、（三）、（四）项规定，提取职工住房公积金的，应当同时注销职工住房公积金账户。

职工死亡或者被宣告死亡的，职工的继承人、受遗赠人可以提取职工住房公积金账户内的存储余额；无继承人也无受遗赠人的，职工住房公积金账户内的存储余额纳入住房公积金的增值收益。

20. 稿酬是否属于夫妻共同财产？

案情简介

王先生婚前创作完成了一部小说并发表，婚后才收到了20万元的稿酬，该20万元稿酬是王先生的婚前个人财产，还是婚后夫妻共同财产？

律师说法

知识产权的收益是否属于夫妻共同财产，不是以取得知识产权权利的时间为判断依据，而是以该财产收益是否在婚姻关系存续期间内取得为判断标准。王先生婚前创作的作品，虽然自完成创作之日已经取得了著作权，但是婚后才取得收益，因此该收益属于夫妻共同财产。

在结婚前已取得知识产权，但在结婚后获得稿费，稿费应当认定为夫妻共同财产，在离婚时可进行分割。

法条链接

《中华人民共和国民法典》

第一千零六十二条 夫妻在婚姻关系存续期间所得的下列财产，为夫妻的共同财产，归夫妻共同所有：

（一）工资、奖金、劳务报酬；

（二）生产、经营、投资的收益；

（三）知识产权的收益；

（四）继承或者受赠的财产，但是本法第一千零六十三条第三项规定的除外；

（五）其他应当归共同所有的财产。

夫妻对共同财产，有平等的处理权。

《最高人民法院关于适用〈中华人民共和国民法典〉婚姻家庭编的解释（一）》

第二十四条 民法典第一千零六十二条第一款第三项规定的“知识产权的收益”，是指婚姻关系存续期间，实际取得或者已经明确可以取得的财产性收益。

21. 陪嫁是否属于夫妻共同财产？

案情简介

李女士和丈夫结婚 3 年后离婚。在分割财产时，丈夫提出她的陪嫁也要参与分割，他认为既然是结婚时给的，就是给夫妻二人的，应当算在共同财产内进行分割；而李女士则认为陪嫁 20 万元现金和一辆价值约 30 万元的车是父母转入自己账户的，是结婚前父母给自己的，属于个人财产。那么，陪嫁到底属不属于夫妻共同财产呢？

律师说法

陪嫁是否属于夫妻共同财产，需要分情况来定。

如果陪嫁是在结婚登记前给的，那么一般会被认定为女方父母对于女方个人的赠与，属于女方个人的婚前财产。根据《中华人民共和国民法典》第一千零六十三条第一项的规定，一方的婚前财产为夫妻一方的个人财产。因此，对于在结婚登记前女方娘家所给的嫁妆，属于女方的个人财产。

如果陪嫁是在结婚登记之后给的，而且女方父母并未明确表示该嫁妆仅是赠与女方个人的，那么一般来说该嫁妆会被认定为对夫妻双方的赠与。根据《中华人民共和国民法典》第一千零六十二条第四项的规定，夫妻在婚姻关系存续期间因继承或赠与所得的财产，除遗嘱或赠与合同中确定只归夫或妻一方外，归夫妻共同所有。也就是说，在结婚登记之后所得的嫁妆，除非女方父母明确该嫁妆仅是赠与女方，否则该嫁妆属于夫妻共同财产。

在现实中，如果想要避免对陪嫁等财产问题产生纷争，可在婚前对财产等进行合理划分，父母等赠与财产时也应明确财产的归属问题，或是签署合法协议，避免离婚时激化矛盾。

法条链接

《中华人民共和国民法典》

第一千零六十二条 夫妻在婚姻关系存续期间所得的下列财产，为夫妻的共同财产，归夫妻共同所有：

（一）工资、奖金、劳务报酬；

（二）生产、经营、投资的收益；

（三）知识产权的收益；

（四）继承或者受赠的财产，但是本法第一千零六十三条第三项规定的除外；

（五）其他应当归共同所有的财产。

夫妻对共同财产，有平等的处理权。

第一千零六十三条 下列财产为夫妻一方的个人财产：

（一）一方的婚前财产；

（二）一方因受到人身损害获得的赔偿或者补偿；

（三）遗嘱或者赠与合同中确定只归一方的财产；

（四）一方专用的生活用品；

（五）其他应当归一方的财产。

22. 婚前购入的股票婚后取得的收益，属于夫妻共同财产吗？

案情简介

贾先生是一位金融从业者，特别擅长股权投资，所以在结婚时，拥有上千万股票资产，在结婚后，贾先生持有的股票市值翻倍。由于妻子出轨，贾先生遂提出离婚。但是女方要求贾先生分割一半的股票归自己所有，并说这是夫妻共同财产，是自己理应得到的。那么，妻子这样的

说法符合法律规定吗？

律师说法

股权是股东投资设立公司获得的对应股东权利，股东享有的公司全部或部分所有权，股权是可以折价出让的。

贾先生持有的股票属于投资公司而获得部分股东权利，该股权是在婚前以个人财产购入，并持续到婚后。根据相关法律法规的规定，夫妻一方个人财产在婚后产生的收益，除孳息和自然增值外，应认定为夫妻共同财产。现在股市大好，贾先生的股票市值翻倍，市值翻倍是股权的市场价格提升，属于自然增值，不属于夫妻共同财产，女方的说法不符合法律规定。

但是，一些上市公司会派发现金股利，这一部分属于股票的投资收益，应认定为夫妻共同财产，所以女方可以分得这一部分财产。

不过在司法实践中，离婚时，夫妻的共同财产由双方协商处理；协商不成的，由人民法院根据财产的具体情况，按照照顾子女、女方和无过错方权益的原则判决。

法条链接

《最高人民法院关于适用〈中华人民共和国民法典〉婚姻家庭编的解释（一）》

第二十五条 婚姻关系存续期间，下列财产属于民法典第一千零六十二条规定的“其他应当归共同所有的财产”：

（一）一方以个人财产投资取得的收益；

（二）男女双方实际取得或者应当取得的住房补贴、住房公积金；

（三）男女·双方实际取得或者应当取得的基本养老金、破产安置补偿费。

第二十六条 夫妻一方个人财产在婚后产生的收益，除孳息和自然增值外，应认定为夫妻共同财产。

23. 婚前房产婚后产生的收益，在离婚时可以分割吗？

案情简介

王先生在婚前全款购置了一套价值100万元的房屋。后来与李女士结婚。婚后，王先生将该房屋出租出去3年，每年租金为4万元，后来又将该房屋作为合伙经营企业的出资经营3年，获得分红共计30万元，之后退出合伙，收回房屋。后来，王先生和李女士离婚。王先生想知道，哪些财产是对方可以分走的？

律师说法

根据相关法律法规的规定，一般将婚前财产产生的收益分为三个部分，一是孳息，二是自然增值，三是投资收益。其中投资收益属于夫妻共同财产，孳息和自然增值属于个人财产。

在王先生这里，房屋的租金是孳息，属于个人所有，入伙投资属于夫妻共同财产，此外，由于中国房价基本处于上涨趋势，这一部分的增值属于自然增值，属于个人财产。

在司法实践中，根据对夫妻感情状况等问题的考量不同，会作出不同的选择，因此，为了更好地规避风险以及对财产作出更好的划分，建议在婚前咨询专业律师制定合法有效的婚前协议。

法条链接

《最高人民法院关于适用〈中华人民共和国民法典〉婚姻家庭编的解释（一）》

第二十五条　婚姻关系存续期间，下列财产属于民法典第一千零六十二条规定的“其他应当归共同所有的财产”：

（一）一方以个人财产投资取得的收益；

（二）男女双方实际取得或者应当取得的住房补贴、住房公积金；

（三）男女双方实际取得或者应当取得的基本养老金、破产安置补偿费。

第二十六条 夫妻一方个人财产在婚后产生的收益，除孳息和自然增值外，应认定为夫妻共同财产。

24. 婚前自建房拆迁后的补偿，属于夫妻共同财产吗？

案情简介

李先生结婚前在自己的宅基地上建了一套房子，没有想过会被划入拆迁范围，也没有想过夫妻俩会离婚。而此时妻子提出拆迁补偿按夫妻共同财产进行分配，李先生则认为不属于夫妻共同财产，不同意分割。那么，婚前自建房拆迁后的补偿，属于夫妻共同财产吗？

律师说法

一般不属于夫妻共同财产，但如果选择住房安置且面积扩大了，会有部分属于夫妻共同财产。

根据《中华人民共和国民法典》第一千零六十二条规定，夫妻在婚姻关系存续期间所得的下列财产，为夫妻的共同财产，归夫妻共同所有：1. 工资、奖金、劳务报酬；2. 生产、经营、投资的收益；3. 知识产权的收益；4. 继承或者受赠的财产，但是《中华人民共和国民法典》第一千零六十三条第三项规定的除外；5. 其他应当归共同所有的财产。

夫妻对共同财产，有平等的处理权。

在司法实践中，婚前自建住房属于一方的个人婚前财产，离婚时不参与夫妻共同财产的分割。如果婚内双方共同对该房产进行修缮、装修、原拆原建，基于该行为所导致的房屋增值部分，可以认定为夫妻共同财

产，由房屋所有权一方给予另一方相应的补偿。进行扩建的，扩建部分认定为夫妻共同财产。

法条链接

《中华人民共和国民法典》

第一千零六十二条 夫妻在婚姻关系存续期间所得的下列财产，为夫妻的共同财产，归夫妻共同所有：

（一）工资、奖金、劳务报酬；

（二）生产、经营、投资的收益；

（三）知识产权的收益；

（四）继承或者受赠的财产，但是本法第一千零六十三条第三项规定的除外；

（五）其他应当归共同所有的财产。

夫妻对共同财产，有平等的处理权。

25. 婚后双方工资用途不同，都属于夫妻共同财产吗？

案情简介

王女士结婚后和丈夫收入水平差不多，丈夫的工资用于还婚前房产的贷款，王女士的工资用来养家，这样公平吗？

律师说法

婚后夫妻双方各自的收入都属于夫妻共同财产，一方使用自己的收入偿还婚前房产贷款，相当于另一方也承担了一半的房贷。《最高人民法院关于适用〈中华人民共和国民法典〉婚姻家庭编的解释（一）》第七十八条规定，夫妻一方婚前签订不动产买卖合同，以个人财产支付首付款并在银行贷款，婚后用夫妻共同财产还贷，不动产登记于首付款支付方名下的，离婚时该不动产由双方协议处理。依前款规定不能达成协议的，人民法院可以判决该不动产归登记一方，尚未归还的贷款为不动产登记一方的个人债务。双方婚后共同还贷支付的款项及其相对应财产增值部分，离婚时应根据《中华人民共和国民法典》第一千零八十七条第一款规定的原则，由不动产登记一方对另一方进行补偿。

据此，婚后还贷以及对应增值部分，在离婚时是可以要求分割的，不存在不公平的问题。

法条链接

《中华人民共和国民法典》

第一千零六十二条　夫妻在婚姻关系存续期间所得的下列财产，为夫妻的共同财产，归夫妻共同所有：

（一）工资、奖金、劳务报酬；

（二）生产、经营、投资的收益；

（三）知识产权的收益；

（四）继承或者受赠的财产，但是本法第一千零六十三条第三项规定的除外；

（五）其他应当归共同所有的财产。

夫妻对共同财产，有平等的处理权。

《中华人民共和国民法典》

第一千零八十七条第一款　离婚时，夫妻的共同财产由双方协议处理；协议不成的，由人民法院根据财产的具体情况，按照照顾子女、女方和无过错方权益的原则判决。

《最高人民法院关于适用〈中华人民共和国民法典〉婚姻家庭编的解释（一）》

第七十八条　夫妻一方婚前签订不动产买卖合同，以个人财产支付首付款并在银行贷款，婚后用夫妻共同财产还贷，不动产登记于首付款支付方名下的，离婚时该不动产由双方协议处理。

依前款规定不能达成协议的，人民法院可以判决该不动产归登记一方，尚未归还的贷款为不动产登记一方的个人债务。双方婚后共同还贷支付的款项及其相对应财产增值部分，离婚时应根据民法典第一千零八十七条第一款规定的原则，由不动产登记一方对另一方进行补偿。

26. 离婚时，养老保险金可以分割吗？

案情简介

李女士因和丈夫感情不和准备离婚，但是两人对养老保险金分割问题发生分歧，李女士想知道，离婚时养老保险金可以分割吗？

律师说法

夫妻对共同财产有平等的处理权。

《最高人民法院关于适用〈中华人民共和国民法典〉婚姻家庭编的解释（一）》第二十五条第三项规定，婚姻关系存续期间，男女双方实际取得或者应当取得的基本养老金、破产安置补偿费属于《中华人民共和国民法典》第一千零六十二条规定的“其他应当归共同所有的财产”。

如果在日常生活中遇到此类问题，应分情况讨论：

第一种情况：离婚时已经退休，符合领取养老保险金条件，养老保险金可以分割。

第二种情况：离婚时尚未退休，不符合领取养老保险金条件，一方请求按照夫妻共同财产分割养老保险金的，人民法院不予支持。

由于养老保险金个人缴纳部分一般直接从职工的工资中划扣，而工资属于夫妻共同财产，因此，在日常生活中遇到此类问题，一方主张分割婚姻关系存续期间个人实际缴付部分的养老金，人民法院应予支持。

法条链接

《最高人民法院关于适用〈中华人民共和国民法典〉婚姻家庭编的解释（一）》

第二十五条 婚姻关系存续期间，下列财产属于民法典第一千零六十二条规定的“其他应当归共同所有的财产”：

（一）一方以个人财产投资取得的收益；

（二）男女双方实际取得或者应当取得的住房补贴、住房公积金；

（三）男女双方实际取得或者应当取得的基本养老金、破产安置补偿费。

27. 离婚可以主张分割基本养老金吗？

案情简介

李先生离婚的时候配偶尚未退休，可以主张分割其基本养老金吗？

律师说法

不能主张分割基本养老金。但是可以主张将养老金账户中婚姻关系存续期间个人实际缴纳部分及利息作为夫妻共同财产分割。

《最高人民法院关于适用〈中华人民共和国民法典〉婚姻家庭编的解释（一）》第八十条规定，离婚时夫妻一方尚未退休、不符合领取基本养老金条件，另一方请求按照夫妻共同财产分割基本养老金的，人民法院不予支持；婚后以夫妻共同财产缴纳基本养老保险费，离婚时一方主张将养老金账户中婚姻关系存续期间个人实际缴纳部分及利息作为夫妻共同财产分割的，人民法院应予支持。该司法解释增加了“利息”的内容，也就是说个人缴纳养老保险部分的利息也可以一

并主张。

法条链接

《最高人民法院关于适用〈中华人民共和国民法典〉婚姻家庭编的解释（一）》

第八十条 离婚时夫妻一方尚未退休、不符合领取基本养老金条件，另一方请求按照夫妻共同财产分割基本养老金的，人民法院不予支持；婚后以夫妻共同财产缴纳基本养老保险费，离婚时一方主张将养老金账户中婚姻关系存续期间个人实际缴纳部分及利息作为夫妻共同财产分割的，人民法院应予支持。

28. 离婚后还能否分得婚姻存续期间的稿酬收益？

案情简介

张先生婚姻存续期间创作完成了一部小说，张先生和前妻办理完离婚登记后收到了 20 万元稿费。前妻得知后认为该稿费应属于夫妻共同财产，向张先生催讨，张先生则认为该稿费是自己离婚后收到的，应属于自己的个人财产，该稿费是个人财产还是共同财产？

律师说法

婚姻存续期间创作完成的作品，离婚后才取得的知识产权收益，是否属于夫妻共同财产，需要分情况讨论。

《最高人民法院关于适用〈中华人民共和国民法典〉婚姻家庭编的解释（一）》第二十四条规定，《中华人民共和国民法典》第一千零六十二条第一款第三项规定的“知识产权的收益”，是指婚姻关系存续期间，实际取得或者已经明确可以取得的财产性收益。

如果一方是在婚姻关系存续期间完成作品且发表的，属于离婚时已经明确可以取得的财产性收益，因此这种情况之下，即便是离婚后才获得的稿费的，另一方也有权主张该收益为夫妻共同财产。

但是，如果一方是在婚姻关系存续期间完成作品，离婚后才发表，获得稿费的，则该收益不属于婚姻关系存续期间已经明确可以获得的财产，因此应归属于一方的个人财产。

法条链接

《最高人民法院关于适用〈中华人民共和国民法典〉婚姻家庭编的解释（一）》

第二十四条 民法典第一千零六十二条第一款第三项规定的“知识产权的收益”，是指婚姻关系存续期间，实际取得或者已经明确可以取得的财产性收益。

29. 婚姻中，如何确保另一方补偿的财产属于自己个人财产？

案情简介

张女士发现丈夫出轨，但是丈夫不想离婚，并同意将一套房产过户给张女士作为补偿，张女士想知道，如何确保房产是属于自己的个人财产呢？

律师说法

《中华人民共和国民法典》第一千零六十五条第一款规定，男女双方可以约定婚姻关系存续期间所得的财产以及婚前财产归各自所有、共同所有或者部分各自所有、部分共同所有。约定应当采用书面形式。

首先，在司法实践中，为确保房产属于个人财产，夫妻双方通常需

要签订一份财产协议，明确房产属于某一方个人财产。如果没有协议明确属于女方个人财产的情况下，无论男方是将婚前的个人房产过户给女方，还是将夫妻共同房产过户给女方，离婚时该房产都可能被认定为夫妻共同财产，因为婚后取得的财产原则上都视为夫妻共同财产。

其次，可以在协议中明确是因为男方的过错，将来离婚时可以作为证明男方存在过错的有力证据。

最后，如果房产是男方的婚前房产且存在贷款不能立即过户的情况，建议对书面协议进行公证，否则对方在过户之前是有权撤销赠与的。

法条链接

《中华人民共和国民法典》

第一千零六十五条 男女双方可以约定婚姻关系存续期间所得的财产以及婚前财产归各自所有、共同所有或者部分各自所有、部分共同所有。约定应当采用书面形式。没有约定或者约定不明确的，适用本法第一千零六十二条、第一千零六十三条的规定。

夫妻对婚姻关系存续期间所得的财产以及婚前财产的约定，对双方具有法律约束力。

夫妻对婚姻关系存续期间所得的财产约定归各自所有，夫或者妻一方对外所负的债务，相对人知道该约定的，以夫或者妻一方的个人财产清偿。

30. 离婚后如何取得企业合伙人地位？

案情简介

孙女士刚与丈夫离婚，离婚协议也签好了，前夫同意将自己在某合伙企业中的全部财产份额分给她，但是当孙女士拿着离婚协议去企业主张自己的合伙人地位时，却遭到了其他合伙人的拒绝，其他合伙人都不同意孙女士加入公司成为合伙人，孙女士该怎么办呢？

律师说法

根据《最高人民法院关于适用〈中华人民共和国民法典〉婚姻家庭编的解释（一）》第七十四条的规定，人民法院审理离婚案件，涉及分割夫妻共同财产中以一方名义在合伙企业中的出资，另一方不是该企业合伙人的，当夫妻双方协商一致，将其合伙企业中的财产份额全部或者部分转让给对方时，按以下情形分别处理：1. 其他合伙人一致同意的，该配偶依法取得合伙人地位；2. 其他合伙人不同意转让，在同等条件下行使优先购买权的，可以对转让所得的财产进行分割；3. 其他合伙人不同意转让，也不行使优先购买权，但同意该合伙人退伙或者削减部分财产份额的，可以对结算后的财产进行分割；4. 其他合伙人既不同意转让，也不行使优先购买权，又不同意该合伙人退伙或者削减部分财产份额的，视为全体合伙人同意转让，该配偶依法取得合伙人地位。

因此，孙女士首先应当询问其他合伙人是否愿意行使优先受让权购买孙女士手中的公司份额；如果其他合伙人都不愿意购买，孙女士可以要求其他合伙人同意自己的前夫从合伙企业中退伙，并且退还相对应的财产。如果其他合伙人既不愿意行使优先受让权，又不同意孙女士的前夫退伙，那么孙女士将直接依法取得企业合伙人的地位。

在司法实践中，夫妻在离婚处分财产时，涉及的不仅是自己的财产权益，还可能涉及他人的合法财产权益，不仅要遵守《中华人民共和国民法典》中的相关规定，还要受到《中华人民共和国合伙企业法》《中华人民共和国公司法》等相关法律规范的制约，遵循其中的法律规定。

法条链接

《最高人民法院关于适用〈中华人民共和国民法典〉婚姻家庭编的解释（一）》

第七十四条 人民法院审理离婚案件，涉及分割夫妻共同财产中以

一方名义在合伙企业中的出资，另一方不是该企业合伙人的，当夫妻双方协商一致，将其合伙企业中的财产份额全部或者部分转让给对方时，按以下情形分别处理：

（一）其他合伙人一致同意的，该配偶依法取得合伙人地位；

（二）其他合伙人不同意转让，在同等条件下行使优先购买权的，可以对转让所得的财产进行分割；

（三）其他合伙人不同意转让，也不行使优先购买权，但同意该合伙人退伙或者削减部分财产份额的，可以对结算后的财产进行分割；

（四）其他合伙人既不同意转让，也不行使优先购买权，又不同意该合伙人退伙或者削减部分财产份额的，视为全体合伙人同意转让，该配偶依法取得合伙人地位。

31. 夫妻离婚后，股东的配偶能否成为股东？

案情简介

张先生以夫妻共同财产出资，成为某公司的股东，后来夫妻俩离婚，妻子要求分股份，也成为该公司的股东。那么，夫妻离婚后，股东的配偶能否成为股东？

律师说法

不一定。

涉及分割夫妻共同财产中以一方名义在有限责任公司的出资额，另一方不是该公司股东的，按以下情形分别处理：1. 夫妻双方协商一致将出资额部分或者全部转让给该股东的配偶，其他股东过半数同意，并且其他股东均明确表示放弃优先购买权的，该股东的配偶可以成为该公司股东；2. 夫妻双方就出资额转让份额和转让价格等事项协商一致后，其他股东半数以上不同意转让，但愿意以同等条件购买该出资额的，人民法院可以对转让出资所得财产进行分割。其他股东半数以上不同意转让，也不愿意以同等条件购买该出资额的，视为其同意转让，该股东的配偶可以成为该公司股东。

股东之间的人合性就是相互信任。夫妻离婚中，股东的配偶要想成为股东必须经过作为股东的夫妻一方同意，以及其他股东过半数同意且放弃优先购买权后，才能成为公司的股东，否则将会破坏公司股东之间的人合性。

法条链接

《最高人民法院关于适用〈中华人民共和国民法典〉婚姻家庭编的解释（一）》

第七十三条　人民法院审理离婚案件，涉及分割夫妻共同财产中以一方名义在有限责任公司的出资额，另一方不是该公司股东的，按以下情形分别处理：

（一）夫妻双方协商一致将出资额部分或者全部转让给该股东的配偶，其他股东过半数同意，并且其他股东均明确表示放弃优先购买权的，该股东的配偶可以成为该公司股东；

（二）夫妻双方就出资额转让份额和转让价格等事项协商一致后，其他股东半数以上不同意转让，但愿意以同等条件购买该出资额的，人民法院可以对转让出资所得财产进行分割。其他股东半数以上不同意转让，也不愿意以同等条件购买该出资额的，视为其同意转让，该股东的配偶可以成为该公司股东。

用于证明前款规定的股东同意的证据，可以是股东会议材料，也可以是当事人通过其他合法途径取得的股东的书面声明材料。

32. 离婚后，能否再就财产分割问题提起诉讼?

案情简介

苗女士和前夫已经离婚半年了，但是苗女士一直觉得自己分割财产时分少了，请问可以反悔吗，如果可以反悔应该怎么做呢?

律师说法

苗女士离婚不到1年，可以向法院起诉要求撤销财产分割协议。

《最高人民法院关于适用〈中华人民共和国民法典〉婚姻家庭编的解释（一）》第七十条规定，在离婚后未满1年的，因反悔原离婚时的财产分割协议，向法院起诉要求撤销，法院受理有法律依据。离婚后超过1年的，不能再就财产分割协议进行反悔。

离婚后对财产分割协议反悔的，关键在于如何认定双方在离婚时达成的夫妻共同财产分割协议存在欺诈和胁迫行为。如果一方当事人故意告知对方虚假情况或者故意隐瞒真实情况，诱使对方当事人作出错误意思表示的，可以认定为欺诈行为。以给公民及其亲友的生命健康、荣誉、名誉、财产等造成损失或者以给法人的荣誉、名誉、财产等造成损害为要挟，迫使对方作出违背真实的意思表示的，可以认定为胁迫行为。如果存在上述问题，对方可在凭离婚证1年内请求撤销该协议。

法条链接

《最高人民法院关于适用〈中华人民共和国民法典〉婚姻家庭编的解释（一）》

第七十条 夫妻双方协议离婚后就财产分割问题反悔，请求撤销财产分割协议的，人民法院应当受理。

人民法院审理后，未发现订立财产分割协议时存在欺诈、胁迫等情

形的，应当依法驳回当事人的诉讼请求。

33. 婚姻存续期间可以起诉分割财产吗？

案情简介

张先生婚后开了一家饭店，并把饭店交给妻子打理，后来他发现，妻子每个月都会将饭店赚的钱存到自己的银行卡里，并跟张先生说饭店没赚钱。张先生想知道，在婚姻关系存续期间，他是否可以对妻子进行起诉，要求法院对财产进行分割？

律师说法

可以起诉进行财产分割。

《中华人民共和国民法典》第一千零六十六条规定了夫妻一方在婚姻存续期间，可以请求分割财产的两种情形：一是一方有隐藏、转移、变卖、毁损、挥霍夫妻共同财产或者伪造夫妻共同债务等严重损害夫妻共同财产利益行为的；二是一方负有法定抚养义务的人患重大疾病需要医治，另一方不同意支付相关医疗费用。上述案件中，张先生的妻子把饭店所赚的钱据为己有，并对张先生隐藏事实的真相，属于上述法律规定中的情形，因此张先生有权要求法院进行财产分割。

婚姻关系存续期间，夫妻一方请求分割共同财产的，人民法院不予支持；但一方存在变卖夫妻共同财产，严重损害夫妻共同财产利益行为，应予支持婚内分割共同财产的诉求。

法条链接

《中华人民共和国民法典》

第一千零六十六条　婚姻关系存续期间，有下列情形之一的，夫妻

一方可以向人民法院请求分割共同财产：

（一）一方有隐藏、转移、变卖、毁损、挥霍夫妻共同财产或者伪造夫妻共同债务等严重损害夫妻共同财产利益的行为；

（二）一方负有法定扶养义务的人患重大疾病需要医治，另一方不同意支付相关医疗费用。

34. 约定婚内财产各自所有的全职太太，离婚时能否要求对方补偿？

案情简介

马先生和潘女士结婚时双方约定，婚后所得归夫妻个人所有。潘女士后来因为生育，暂时辞职在家带孩子。后来二人离婚，由于早先约定个人所得财产归个人所有，潘女士又辞职在家，离婚对潘女士十分不利，但是婚姻又难以维系，那么潘女士该怎么办呢？

律师说法

我国法律对于夫妻间的财产规定有两种财产制度：约定财产制和法定财产制。没有约定时按照法定财产制来确定夫妻间财产的分配。马先生和潘女士约定婚后所得财产归个人所有，属于约定财产制，但即便如此，潘女士因抚育子女、照料老人、协助另一方工作等负担较多义务的，在离婚时也有权向马先生请求补偿。

家庭是社会的基本单位，每一个家庭成员都会在家庭中得到立足社会的基本物质和精神支持。一些人错误地将家务补偿理解为家务工作报酬，把数额简单地除以婚姻关系存续时间，从而得出每月收入远低于保姆月薪等结论。但家务补偿不是家务工作报酬，而是法律对婚姻关系结束后双方利益的一种平衡。

原则上离婚后财产应当平均分割，这是法律推定双方对家庭的付出、贡献均等的结果。但这种推定对于“全职”服务家庭的一方而言实际并不公平，赚钱养家的一方可以继续享有此前的发展机会，而“全职”顾家的一方因负担较多的家庭义务，导致其投入在自我发展上的时间和精力被极大地压缩，因此，在分割财产时对“全职太太”或“全职先生”进行适当的家务补偿，更符合法律的公平正义原则。

法条链接

《中华人民共和国民法典》

第一千零六十五条 男女双方可以约定婚姻关系存续期间所得的财产以及婚前财产归各自所有、共同所有或者部分各自所有、部分共同所有。约定应当采用书面形式。没有约定或者约定不明确的，适用本法第一千零六十二条、第一千零六十三条的规定。

夫妻对婚姻关系存续期间所得的财产以及婚前财产的约定，对双方具有法律约束力。

夫妻对婚姻关系存续期间所得的财产约定归各自所有，夫或者妻一方对外所负的债务，相对人知道该约定的，以夫或者妻一方的个人财产清偿。

第一千零八十八条 夫妻一方因抚育子女、照料老年人、协助另一方工作等负担较多义务的，离婚时有权向另一方请求补偿，另一方应当给予补偿。具体办法由双方协议；协议不成的，由人民法院判决。

35. 丈夫婚内转移财产，这种情况怎么办？

案情简介

王女士因为与丈夫感情不和，经常吵架，二人商议决定离婚，但在未办理相关手续前，她发现丈夫在偷偷转移两人的共同财产，王女士想

知道这种情形下离婚时能不能让丈夫少分或不分财产？

律师说法

王女士这种情况下是可以让丈夫少分财产的。夫妻一方存在隐藏、转移、变卖等夫妻共同财产，或者伪造夫妻共同债务企图侵占另一方财产的情形，在离婚分割夫妻共同财产时，对该方可以少分或者不分。如果是在离婚后发现另一方有转移、隐匿行为的，可以向人民法院提起诉讼，请求再次分割夫妻共同财产。

在司法实践中，这种行为往往具有隐蔽性，对另一方提出了较高的举证要求。因此，在日常生活中要注意以下几种状况：首先，对于一方名下的银行存款、不动产、公积金、股票基金债券等，如果配偶在生活中不曾留意，不知道有这些财产，离婚时另一方往往采取隐瞒或是暗中转移的方式：转移存款、虚假过户、变卖资产；其次，会有一些人选择以代持资产的方式进行资产转移；再次，还会有人选择通过设置陷阱的方式骗取离婚，如“假离婚”或者制造转账陷阱；最后，更有甚者会制造或伪造债务减少共同财产或让配偶共同承担偿还责任，以达到侵占、多分夫妻共同财产的目的。因此需要另一方提高警惕，及时寻求法律帮助，以维护自身合法权益。

法条链接

《中华人民共和国民法典》

第一千零九十二条 夫妻一方隐藏、转移、变卖、毁损、挥霍夫妻共同财产，或者伪造夫妻共同债务企图侵占另一方财产的，在离婚分割夫妻共同财产时，对该方可以少分或者不分。离婚后，另一方发现有上述行为的，可以向人民法院提起诉讼，请求再次分割夫妻共同财产。

36. 协议离婚时，对方转移财产怎么办？

案情简介

周女士正在和丈夫协议离婚，可是她发现对方正在转移财产，她应该怎么办？

律师说法

周女士可以在起诉前向人民法院申请诉前保全夫妻共同财产。需注意的是，诉前保全应在法院采取保全措施后 30 日内提起诉讼，否则保全措施将会被解除。

为了防止财产权益受损，应该注意预防财产转移：

1. 一旦发觉夫妻关系即将破裂，为防止单方面处置财产，夫妻最好不要像平时那样把财权交给一方；如果一方擅自处理贵重的夫妻共同财产，另一方要及时制止，特别是对方以孝敬父母、捐款等名义将财产转移时，绝不可掉以轻心。

2. 由于转移现金很难取证，因此夫妻可以对大宗存款设联名账户，防止对方擅自转移；一旦发现对方有财产转移的迹象，要多留心对方存单的账号、储种、是在哪个银行存的钱，以便向法庭提供合法的证据。

3. 可以借交水电费、手机费等机会，了解对方有几个银行账号，余额有多少。

法条链接

《中华人民共和国民法典》

第一千零九十二条 夫妻一方隐藏、转移、变卖、毁损、挥霍夫妻共同财产，或者伪造夫妻共同债务企图侵占另一方财产的，在离婚分割夫妻共同财产时，对该方可以少分或者不分。离婚后，另一方发现有上述行为的，可以向人民法院提起诉讼，请求再次分割夫妻共同财产。

37. 夫妻离婚后的房产如何处理？

案情简介

张先生结婚前，父母全款给他买了一套房子，婚后妻子要求在房产证上加上她的名字，他答应了。现在夫妻双方闹离婚，妻子要求张先生给付房子价值 50% 的补偿金，这个要求合理吗？

律师说法

第一，张先生给妻子在房产证上加上她的名字的行为，属于张先生在婚姻关系存续期间将其个人所有的房产赠与妻子的行为，并且在产权登记变更之后，该赠与行为便不可撤销，该房产实质上已经成为夫妻共同财产。

第二，张先生的妻子有权分割该房产，但并非简单地对半划分。共有分为按份共有和共同共有两种形式。按份共有，是指共有人对共有的不动产或者动产按照其份额享有所有权。而共同共有则是指共有人对共有的不动产或者动产共同享有所有权。张先生夫妻二人对该房产属于共同共有，不是简单地给付房子价值一半的补偿金。

考虑到房产全部由张先生父母出资，房产的大部分价值应归张先生所有，但妻子仍有权享有小部分的房产价值。离婚时对该房产的分割，有协议的从协议，没有协议的，由人民法院综合考虑各方对房产的贡献等因素依法判决分割。

离婚时需要对共同共有的房产进行合法的分割，以避免后期发生矛盾和纠纷。房产属于固定资产，需要双方协商具体的分割方法。如果双方都不需要产权的，还需要对房产进行拍卖，并按照拍卖的结果进行平

分资金，具体的情况由司法机关鉴定为准。

法条链接

《中华人民共和国民法典》

第二百九十七条 不动产或者动产可以由两个以上组织、个人共有。共有包括按份共有和共同共有。

第六百五十九条 赠与的财产依法需要办理登记或者其他手续的，应当办理有关手续。

38. 婚前买房，婚后以个人工资还贷，离婚时，房子是个人财产吗？

案情简介

张先生在婚前贷款买了套房子，登记在自己名下。婚后妻子为照顾家庭选择做全职太太，张先生以自己的工资还房贷。后来夫妻二人感情破裂准备离婚，张先生提出妻子没有收入，房子的首付是自己婚前支付的，房贷也是用自己的个人工资支付的，所以房子完全是自己的个人财产，妻子无权分割。张先生的主张能否得到法律的支持？

律师说法

夫妻在婚姻关系存续期间所得的工资、奖金、劳务报酬归夫妻共同所有。如果夫妻对于婚姻关系存续期间的财产没有特殊约定的，夫妻关系存续期间的还贷行为，虽是一方以自己工资还款，但仍应认为是以夫妻共同财产还贷。故还贷一方因此主张还贷部分为个人财产的，法院一般不予采信。

张先生婚前购房，并将产权登记在自己名下，离婚时，夫妻双方对于房产归属问题不能协商一致的，一般情况下，法院会判决房产归张先

生所有，但是夫妻关系存续期间还贷部分为夫妻共同财产，张先生应对还贷部分及其对应的增值部分，对妻子进行折价补偿。

在司法实践中，一般认为房屋增值部分产生于夫妻关系存续期间，是夫妻共同财产。即便房产是一方婚前购买的，但婚后另一方愿意共同偿还贷款，表明其在主观上是以房屋所有人的身份参与房产的实际维护和经营，并承担相应的风险，对方对此明知并接受。因此，在婚姻关系存续期间，夫妻双方对共同居住的房产均投入了相等的贡献。

法条链接

《中华人民共和国民法典》

第一千零六十二条 夫妻在婚姻关系存续期间所得的下列财产，为夫妻的共同财产，归夫妻共同所有：

（一）工资、奖金、劳务报酬；

（二）生产、经营、投资的收益；

（三）知识产权的收益；

（四）继承或者受赠的财产，但是本法第一千零六十三条第三项规定的除外；

（五）其他应当归共同所有的财产。

夫妻对共同财产，有平等的处理权。

39. 夫妻双方结婚后，一方父母出资首付登记在一方名下，夫妻双方还贷，房产如何分割？

案情简介

赵先生婚后买房，父母出了首付款，房子登记在赵先生一人名下，但是由赵先生及妻子共同还房贷。现在赵先生准备离婚，请问房子怎么分割？

律师说法

如果父母只支付了房屋价款的一部分，其余款项由夫妻双方共同支付，则出资父母并不能取得房屋的所有权，也就无法决定将房屋赠与自己子女并将房屋登记在自己子女名下。这种情况要把首付款部分和共同还贷部分的法律性质作一个区分。

第一，房子的首付款可以视为赵先生父母对赵先生个人的赠与。所以，这部分属于赵先生的个人财产。

第二，房子虽然登记在赵先生一人名下，但是贷款是夫妻双方共同偿还的。从债务承担方式的角度考虑，当事人婚后购房办理按揭贷款时，银行通常会要求夫妻双方到场签字，由夫妻双方连带承担银行的债务。既然债务由夫妻双方承担连带责任，根据权利义务相一致的原则，该不动产的产权也应由夫妻双方共同享有。故房子属于赵先生夫妻共同财产，夫妻二人共同共有。

第三，房屋的增值部分由个人享有。因为首付款是赵先生个人的，所以首付款的增值部分属于赵先生个人。房贷是夫妻两人偿还的，故已还房贷的增值部分，由赵先生夫妻二人共同共有。

就此类问题而言，我国相关司法解释作了规定，如果当事人结婚前，父母为双方购置房屋出资的，该出资应当认定为对自己子女个人的赠与，但父母明确表示赠与双方的除外。

当事人结婚后，父母为双方购置房屋出资的，依照约定处理；没有约定或者约定不明确的，按照《中华人民共和国民法典》第一千零六十二条第一款第四项规定的原则处理。

因此，在遇到此类问题时，父母可以通过协议方式来避免争议。

法条链接

《中华人民共和国民法典》

第三百零四条 共有人可以协商确定分割方式。达不成协议，共有的不动产或者动产可以分割且不会因分割减损价值的，应当对实物予以

分割；难以分割或者因分割会减损价值的，应当对折价或者拍卖、变卖取得的价款予以分割。

共有人分割所得的不动产或者动产有瑕疵的，其他共有人应当分担损失。

第一千零六十二条 夫妻在婚姻关系存续期间所得的下列财产，为夫妻的共同财产，归夫妻共同所有：

（一）工资、奖金、劳务报酬；

（二）生产、经营、投资的收益；

（三）知识产权的收益；

（四）继承或者受赠的财产，但是本法第一千零六十三条第三项规定的除外；

（五）其他应当归共同所有的财产。

夫妻对共同财产，有平等的处理权。

第一千零六十三条 下列财产为夫妻一方的个人财产：

（一）一方的婚前财产；

（二）一方因受到人身损害获得的赔偿或者补偿；

（三）遗嘱或者赠与合同中确定只归一方的财产；

（四）一方专用的生活用品；

（五）其他应当归一方的财产。

《最高人民法院关于适用〈中华人民共和国民法典〉婚姻家庭编的解释（一）》

第二十九条 当事人结婚前，父母为双方购置房屋出资的，该出资应当认定为对自己子女个人的赠与，但父母明确表示赠与双方的除外。

当事人结婚后，父母为双方购置房屋出资的，依照约定处理；没有约定或者约定不明确的，按照民法典第一千零六十二条第一款第四项规定的原则处理。

40. 丈夫瞒着妻子将夫妻共有房产抵押，抵押有效力吗？

案情简介

成女士的丈夫背着她将两人的共有房屋抵押给别人。成女士想问，她该如何要回房产？

律师说法

可以向法院提起诉讼主张抵押合同无效。本案中的房屋系夫妻共有财产，成女士的丈夫未经成女士同意私自将两人的共有房屋抵押，成女士可依据法律规定，向法院提起诉讼主张抵押合同无效。

在司法实践中，经常会出现类似情况：一方在另一方不知情的情况下将房屋抵押出去，房产在大多数情况下属于夫妻共同财产，无论是赠与、抵押还是转让，都需要夫妻两人达成一致的认知。而在某些情况下，单方面的抵押之类行为，最终也会得到认可。

法条链接

《城市房地产抵押管理办法》

第十九条 以共有的房地产抵押的，抵押人应当事先征得其他共有人的书面同意。

41. 在孩子名下的房产是夫妻共同财产吗？

案情简介

张先生夫妻二人5年前买了一套房子，登记在2岁的儿子名下，现在夫妻感情不和准备离婚，这套房子是归抚养孩子的一方，还是作为夫妻共同财产分割？

律师说法

双方婚后用夫妻共同财产购买房屋，子女尚未成年，如果产权登记在子女名下，夫妻离婚时不能简单地完全按照登记情况将房屋认定为未成年子女的财产。不动产登记分为对外效力和对内效力，对外效力是指根据物权公示公信原则，不动产物权经过登记后，善意第三人基于对登记的信赖而与登记权利人发生的不动产交易行为应当受到法律保护；对内效力是指应当审查当事人的真实意思表示来确定真实的权利人。

现实生活中，夫妻共同出资购买房屋后，可能基于各种因素将房屋登记在未成年子女名下，但这不意味着该房屋的真实权利人即为未成年子女。

人民法院应当注意审查夫妻双方在购买房屋时的真实意思表示。如果真实意思确实是将房屋赠与未成年子女，离婚时应将该房屋认定为未成年子女的财产，由直接抚养未成年子女一方暂时管理，如果真实意思并不是将房屋赠与未成年子女，离婚时将该房屋作为夫妻共同财产处理比较适宜。

法条链接

《中华人民共和国民法典》

第二百零八条 不动产物权的设立、变更、转让和消灭，应当依照法律规定登记。动产物权的设立和转让，应当依照法律规定交付。

第六百五十七条 赠与合同是赠与人将自己的财产无偿给予受赠人，受赠人表示接受赠与的合同。

42. 只在房产证上写一方名字，房子还是夫妻共同财产吗？

案情简介

李先生和妻子最近刚结婚，想买一套房子，但是妻子想要在房产证上只写她自己的名字，那这套房子还能作为夫妻共同财产吗？

律师说法

一般情况下，可认定为夫妻共同财产，根据《中华人民共和国民法典》的规定，除法律规定中为夫妻一方个人财产的情况下，夫妻在婚姻关系存续期间所得的财产，归夫妻共同所有。因此，对于婚后购买的房屋即使只写女方一人名字也应认定为夫妻共同财产。

但在实践中要注意，以下情况房屋可认定为女方一人所有：1. 夫妻两人另有约定；2. 由女方一人全部出资或者是由女方婚前财产转化出资；3. 女方父母全额出资，并明确仅赠与女方一人，房屋登记在女方一人名下。

法条链接

《最高人民法院关于适用〈中华人民共和国民法典〉婚姻家庭编的解释（一）》

第三十一条 民法典第一千零六十三条规定为夫妻一方的个人财产，不因婚姻关系的延续而转化为夫妻共同财产。但当事人另有约定的除外。

43. 离婚时，房屋还未取得房产证，如何处理？

案情简介

王女士打算起诉离婚，但夫妻二人现在有一套新买的房产还未取得不动产权证，王女士想问这套房屋在离婚时应如何处理，是否可以在离婚诉讼中请求法院判决归自己所有？

律师说法

根据《最高人民法院关于适用〈中华人民共和国民法典〉婚姻家庭编的解释（一）》第七十七条的规定，夫妻双方想要在离婚诉讼中就未取得房产证的房屋进行分割是比较困难的，最好是协商或另行起诉确定所有权后再行分割。

另外，对于房屋使用权问题来说，据目前的司法实践及相关判例，法院通常会根据夫妻双方的现有房屋状况、如何分配使用权更有利于房屋使用、夫妻双方对涉案房屋贡献大小等因素，并结合坚持男女平等、保护子女和妇女合法权益、尊重当事人意愿、有利生产、方便生活等原则分配房屋使用权。

特殊情况下，若使用权分割会对未取得使用权一方造成损失的，法院也会根据房屋价值或双方实际出资情况等，要求取得房屋使用权一方支付未取得一方相应的补偿。

法条链接

《最高人民法院关于适用〈中华人民共和国民法典〉婚姻家庭编的解释（一）》

第七十七条　离婚时双方对尚未取得所有权或者尚未取得完全所有权的房屋有争议且协商不成的，人民法院不宜判决房屋所有权的归属，

应当根据实际情况判决由当事人使用。

当事人就前款规定的房屋取得完全所有权后，有争议的，可以另行向人民法院提起诉讼。

44. 离婚后未还完的房屋贷款由谁承担?

案情简介

王先生和前妻离婚后，房子归自己。但是这套房子是婚后买的，现在前妻拒绝还房贷，还说房子归谁谁还贷。请问法律上有离婚房子归谁就由谁还贷的规定吗?

律师说法

如果双方离婚时对房产分割进行了约定，或者经人民法院判决归一方所有，同时约定或者判决房子的所有人继续还贷的，那么房子所有人就要继续承担向银行还款的义务。

《最高人民法院关于适用〈中华人民共和国民法典〉婚姻家庭编的解释（一）》第三十五条规定，当事人的离婚协议或者人民法院生效判决、裁定、调解书已经对夫妻财产分割问题作出处理的，债权人仍有权就夫妻共同债务向男女双方主张权利。一方就夫妻共同债务承担清偿责任后，主张由另一方按照离婚协议或者人民法院的法律文书承担相应债务的，人民法院应予支持。由于该房屋是婚后按揭购买的，夫妻双方为共同还贷人，因此银行仍有权就夫妻共同债务向男女双方主张权利。

在司法实践中，未分得房屋的一方若是想要规避继续还贷的风险，需要向银行申请变更主贷人或者减少共同抵押人。

法条链接

《中华人民共和国民法典》

第一千零七十六条 夫妻双方自愿离婚的，应当签订书面离婚协议，并亲自到婚姻登记机关申请离婚登记。

离婚协议应当载明双方自愿离婚的意思表示和对子女抚养、财产以及债务处理等事项协商一致的意见。

45. 可以要求父亲的二婚妻子再婚后返还父亲的房产吗？

案情简介

王先生的父亲去世前留下遗嘱，名下两套房屋一套归自己，另一套归父亲的二婚妻子，但如果二婚妻子再婚，则两套房屋都由自己继承。现在父亲二婚的妻子再婚，是否可以要求她归还房产？

律师说法

王先生无权要求父亲二婚的妻子归还房产。

婚姻自由，是法律赋予公民的一项基本权利，公民有权在法律规定的范围内，自主自愿决定本人的婚姻，不受其他任何人强迫与干涉。

《中华人民共和国民法典》第一百四十三条规定，具备下列条件的民事法律行为有效：1. 行为人具有相应的民事行为能力；2. 意思表示真实；3. 不违反法律、行政法规的强制性规定，不违背公序良俗。

订立遗嘱应当符合法律规定的形式，同时遗嘱内容不得违反法律、法规的规定，不得损害社会公共利益，不得违背公序良俗。在司法实践中，确实有被继承人在遗嘱中限制配偶再婚的情况，但这种行为构成干涉婚姻自由，属于无效条款。

法条链接

《中华人民共和国民法典》

第一百四十三条 具备下列条件的民事法律行为有效：

（一）行为人具有相应的民事行为能力；

（二）意思表示真实；

（三）不违反法律、行政法规的强制性规定，不违背公序良俗。

第一千零四十一条 婚姻家庭受国家保护。

实行婚姻自由、一夫一妻、男女平等的婚姻制度。

保护妇女、未成年人、老年人、残疾人的合法权益。

46. 赌债是夫妻共同债务吗？

案情简介

刘女士的丈夫婚前借了 20 万元用于炒股，结果都赔了。结婚之后，刘女士以为都还完了，结果在孩子 1 岁的时候发现他又欠了 30 万元，平时他就是以赌还债，现在越欠越多。刘女士婚前婚后一共存了 20 万元，需要替他还款吗？

律师说法

根据《中华人民共和国民法典》第一千零六十四条第二款规定，夫妻一方在婚姻关系存续期间以个人名义超出家庭日常生活需要所负的债务，不属于夫妻共同债务；但是，债权人能够证明该债务用于夫妻共同生活、共同生产经营或者基于夫妻双方共同意思表示的除外。

一方婚前的借款和婚姻存续期间所欠的赌债都是个人债务，另一方没有还款义务。在司法实践中，经常有债权人要求夫妻共同偿还借款的情形，但其必须举证证明这笔钱是用于夫妻日常生活。而本案中，刘女士老公的婚前债务和赌债都未用于家庭日常生活，因此刘女士不用担心要替他还款。

法条链接

《中华人民共和国民法典》

第一千零六十四条 夫妻双方共同签名或者夫妻一方事后追认等共同意思表示所负的债务，以及夫妻一方在婚姻关系存续期间以个人名义为家庭日常生活需要所负的债务，属于夫妻共同债务。

夫妻一方在婚姻关系存续期间以个人名义超出家庭日常生活需要所负的债务，不属于夫妻共同债务；但是，债权人能够证明该债务用于夫妻共同生活、共同生产经营或者基于夫妻双方共同意思表示的除外。

47. 夫妻一方的赌债，另一方是否有义务还款？

案情简介

老刘欠了赌债，妻子李女士并不知情，后对方因为催老刘无效，便找到了李女士，李女士认为自己并不知情，而且钱也不是用于家庭生活，自己可以不清偿。那么，哪些情况下可以认定为夫妻共同债务，李女士需要帮老刘还赌债吗？

律师说法

依照我国有关法律规定，赌债属于非法债务，不受法律保护，可以不予清偿。

夫妻共同债务主要包括三种情况：

1. 存续期间，以夫妻双方的名义，为夫妻共同生活所负的债务。

2. 婚姻关系存续期间夫妻一方以个人名义所负债务，一般按夫妻共同债务处理，但夫妻一方能够证明债权人与债务人明确约定为个人债务，或者能够证明夫妻对婚姻关系存续期间所得的财产约定归各自所有，且债权人知道该约定的，为夫妻一方的个人债务。

3. 一方婚前所负个人债务，一般为个人债务，但是债权人能够证明一方婚前所负债务用于婚后家庭共同生活的，为夫妻共同债务。个人债务是一方所借款项，不属于用于夫妻和家庭生活的共同债务，因而应由个人清偿。

赌债属于非法活动借款，因此不受法律保护。夫妻双方婚姻关系存续期间，若一方为了赌博而借款，另一方没有偿还的义务。

法条链接

《中华人民共和国民法典》

第一千零六十四条 夫妻双方共同签名或者夫妻一方事后追认等共同意思表示所负的债务，以及夫妻一方在婚姻关系存续期间以个人名义为家庭日常生活需要所负的债务，属于夫妻共同债务。

夫妻一方在婚姻关系存续期间以个人名义超出家庭日常生活需要所负的债务，不属于夫妻共同债务；但是，债权人能够证明该债务用于夫妻共同生活、共同生产经营或者基于夫妻双方共同意思表示的除外。

48. 夫妻一方赌博欠债是否为夫妻共同债务？

案情简介

赵女士丈夫沉迷赌博，背着她欠下数十万元的赌债。赵女士准备向他提出离婚，但赵女士有一个顾虑，丈夫的赌债是否要由夫妻共同承担，如果自己向他提出离婚，是否要承担一部分债务？

律师说法

不用承担。

《最高人民法院关于适用〈中华人民共和国民法典〉婚姻家庭编的解释（一）》第三十四条第二款规定，夫妻一方在从事赌博、吸毒等违法犯罪活动中所负债务，第三人主张该债务为夫妻共同债务的，人民法院不予支持。

一方赌博所欠的债务，不属于夫妻共同债务的范围，另一方不承担偿还责任。

夫妻个人债务是指夫妻一方与共同生活无关或者依法约定为个人所负担的债务。夫妻虽为婚姻的主体，且在诸多利益方面密不可分，但夫妻作为人格独立的个体，他们仍可以存在与婚姻无关的个人利益与责任。赌债的产生很明显与夫妻共同生活无关，也没有为家庭生活带来任何利益，因此应当认定为个人债务，应当由债务人自己负责清偿。

法条链接

《最高人民法院关于适用〈中华人民共和国民法典〉婚姻家庭编的解释（一）》

第三十四条　夫妻一方与第三人串通，虚构债务，第三人主张该债务为夫妻共同债务的，人民法院不予支持。

夫妻一方在从事赌博、吸毒等违法犯罪活动中所负债务，第三人主张该债务为夫妻共同债务的，人民法院不予支持。

49. 丈夫欠下的赌债，妻子是否需要承担？

案情简介

丈夫沉迷赌博，背着周女士欠下数十万元的赌债。周女士准备向他提出离婚。但周女士有一个顾虑，丈夫的赌债是否要夫妻共同承担，如果自己向他提出离婚，是否要承担一部分赌债？

律师说法

不用承担。根据《最高人民法院关于适用〈中华人民共和国民法典〉婚姻家庭编的解释（一）》第三十四条第二款规定，夫妻一方在从事赌博、吸毒等违法犯罪活动中所负债务，第三人主张该债务为夫妻共同债务的，人民法院不予支持。由此可以得知，一方赌博所欠的债务，不属于夫妻共同债务的范围，另一方不承担偿还责任。

首先，我国法律是明确禁止赌博行为的。其次，根据《中华人民共和国民法典》的规定，当事人订立、履行合同，应当遵守法律、行政法规，尊重社会公德，不得扰乱社会经济秩序，损害社会公共利益。故而，因赌博产生的债务关系是不受法律保护的。另外，因赌博产生的债务属于非为共同生活支出的个人不合理开支，显然不属于为夫妻共同生活所负的债务，不符合《中华人民共和国民法典》的相关规定，不属于夫妻共同债务。

法条链接

《最高人民法院关于适用〈中华人民共和国民法典〉婚姻家庭编的解释（一）》

第三十四条 夫妻一方与第三人串通，虚构债务，第三人主张该债务为夫妻共同债务的，人民法院不予支持。

夫妻一方在从事赌博、吸毒等违法犯罪活动中所负债务，第三人主张该债务为夫妻共同债务的，人民法院不予支持。

50. 前夫的债务，前妻是否有义务偿还？

案情简介

李女士跟丈夫由于感情不和，前段时间办理了离婚手续，但是不久后，有个陌生人拿着一张欠条要求她偿还债务，但是李女士从来都没听说家里欠过这么一笔钱，而且欠条上只有前夫一个人的签字。李女士有义务偿还这笔债务吗？

律师说法

根据《中华人民共和国民法典》第一千零六十四条的规定，夫妻双方共同签名或者夫妻一方事后追认等共同意思表示所负的债务，以及夫妻一方在婚姻关系存续期间以个人名义为家庭日常生活需要所负的债务，属于夫妻共同债务。

夫妻一方在婚姻关系存续期间以个人名义超出家庭日常生活需要所负的债务，不属于夫妻共同债务；但是，债权人能够证明该债务用于夫妻共同生活、共同生产经营或者基于夫妻双方共同意思表示的除外。

因此，一般情况下李女士无须偿还这笔债务，但如果这笔债务是用于家庭日常生活、共同经营等，可以认定为夫妻共同债务，那么李女士也需要对这笔债务进行偿还。

在司法实践中，债权人就一方婚前所负个人债务向债务人的配偶主张权利的，人民法院不予支持。但债权人能够证明所负债务用于婚后家庭共同生活的除外。也就是说，夫妻一方的婚前债务用于夫妻婚后共同生活也需要另外一方偿还。但如果夫妻一方与第三人串通，虚构债务，或是在从事赌博、吸毒等违法犯罪活动中所负债务，第三人主张该债务为夫妻共同债务的，人民法院不予支持。

法条链接

《中华人民共和国民法典》

第一千零六十四条 夫妻双方共同签名或者夫妻一方事后追认等共同意思表示所负的债务，以及夫妻一方在婚姻关系存续期间以个人名义为家庭日常生活需要所负的债务，属于夫妻共同债务。

夫妻一方在婚姻关系存续期间以个人名义超出家庭日常生活需要所负的债务，不属于夫妻共同债务；但是，债权人能够证明该债务用于夫妻共同生活、共同生产经营或者基于夫妻双方共同意思表示的除外。

51. 离婚协议约定债务由一方承担有效吗？

案情简介

李女士和前夫离婚了。大部分财产均归李女士，并且双方协议约定，几年来因为做生意而欠的债务均由李女士的前夫独自承担。结果离婚后，前夫无力偿还债务，债主只能向李女士主张债权。那么，离婚协议约定的李女士不负债有效吗？

律师说法

协议离婚约定一方不负债是否有效，要看债务的性质。如果是夫妻共同债务，需要两方共同承担还款责任，离婚协议中的约定对债权人是无效的，债权人可以起诉夫妻两方或任一方要求还款。

另外，在司法实践中，应当注意离婚协议的效力是对内不对外的，当事人的离婚协议或者人民法院生效判决、裁定、调解书已经对夫妻财产分割问题作出处理的，债权人仍有权就夫妻共同债务向男女双方主张权利。也就是说，债权人可以向夫妻任何一方或者双方要求还债。

一方就夫妻共同债务承担清偿责任后，主张由另一方按照离婚协议或者人民法院的法律文书承担相应债务的，人民法院应予支持。即在离婚协议中约定不承担债务的一方在还债之后可以向另一方追偿。

法条链接

《中华人民共和国民法典》

第一千零八十九条 离婚时，夫妻共同债务应当共同偿还。共同财产不足清偿或者财产归各自所有的，由双方协议清偿；协议不成的，由人民法院判决。

《最高人民法院关于适用〈中华人民共和国民法典〉婚姻家庭编的解释（一）》

第三十五条 当事人的离婚协议或者人民法院生效判决、裁定、调解书已经对夫妻财产分割问题作出处理的，债权人仍有权就夫妻共同债务向男女双方主张权利。

一方就夫妻共同债务承担清偿责任后，主张由另一方按照离婚协议或者人民法院的法律文书承担相应债务的，人民法院应予支持。

52. 离婚协议中关于夫妻共同债务的承担约定效力如何？

案情简介

赵女士和前夫离婚时，在离婚协议书中双方约定好房屋及房贷都归前夫。房子归前夫个人所有，房贷也由前夫独自偿还。但几年后前夫公司破产，拖欠银行的贷款无法偿还，银行联系赵女士要求她共同偿还，赵女士想知道，为什么在离婚协议中写了房贷归前夫偿还，银行却依然要求她一起还贷？

律师说法

《最高人民法院关于适用〈中华人民共和国民法典〉婚姻家庭编的解释（一）》第三十五条明确规定，当事人的离婚协议中已经对夫妻财产分割问题作出处理的，债权人仍有权就夫妻共同债务向男女双方主张权利。因为离婚协议对于夫妻共同债务的承担约定未经债权人同意，即使经过公证，亦不能对抗债权人。这笔钱是赵女士和前夫婚姻关系存续期间欠下的，属于夫妻共同债务，银行作为债权人，有权向赵女士讨要债款。

在司法实践中，离婚协议的效力对内不对外，因此债权人有权就夫妻共同债务向双方主张权利，但承担相应债务的一方，有权向另一方追偿。离婚后的夫妻双方，倘若面对第三方债权人以夫妻共同债务为由主张权利时，不能简单地以有离婚协议约定作为抗辩理由，而应从债权人主张的真实性、有效性以及是否属于夫妻共同债务等角度进行有效抗辩。有维权意识固然重要，但通过合法、有效的方式来维权更加重要。建议碰到诸如此类的法律困惑，可向专业律师咨询解答，以免造成不必要的损失。

法条链接

《最高人民法院关于适用〈中华人民共和国民法典〉婚姻家庭编的解释（一）》

第三十五条 当事人的离婚协议或者人民法院生效判决、裁定、调解书已经对夫妻财产分割问题作出处理的，债权人仍有权就夫妻共同债务向男女双方主张权利。

一方就夫妻共同债务承担清偿责任后，主张由另一方按照离婚协议或者人民法院的法律文书承担相应债务的，人民法院应予支持。

53. 夫妻共同债务如何分担？

案情简介

王先生和妻子李某离婚，李某要求分割双方婚后共同购置的一套房产，王先生同意分割房产，但认为部分购房款是其向张某所借，由此产生的债务要求李某共同分担。李某认为该债务非夫妻共同债务，与离婚诉讼无关。李某是否需要分担债务？

律师说法

在离婚时，原为夫妻共同生活所负的债务，应当共同偿还。离婚纠纷中如果判决离婚，应当同时对财产分割、子女抚养问题进行审理。

《最高人民法院关于适用〈中华人民共和国民法典〉婚姻家庭编的解释（一）》第三十五条规定，当事人的离婚协议或者人民法院生效判决、裁定、调解书已经对夫妻财产分割问题作出处理的，债权人仍有权就夫妻共同债务向男女双方主张权利。

一方就夫妻共同债务承担清偿责任后，主张由另一方按照离婚协议或者人民法院的法律文书承担相应债务的，人民法院应予支持。

在司法实践中，婚姻关系存续期间夫妻一方因购置共有房产而以个人名义向外借款，应认定为夫妻共同债务，作为消极财产，该债务亦应进行分割。且一方就共同债务承担连带清偿责任后，可以基于离婚协议或者人民法院的法律文书向另一方追偿。

法条链接

《中华人民共和国民法典》

第一千零六十四条　夫妻双方共同签名或者夫妻一方事后追认等共

同意思表示所负的债务，以及夫妻一方在婚姻关系存续期间以个人名义为家庭日常生活需要所负的债务，属于夫妻共同债务。

夫妻一方在婚姻关系存续期间以个人名义超出家庭日常生活需要所负的债务，不属于夫妻共同债务；但是，债权人能够证明该债务用于夫妻共同生活、共同生产经营或者基于夫妻双方共同意思表示的除外。

第一千零八十九条 离婚时，夫妻共同债务应当共同偿还。共同财产不足清偿或者财产归各自所有的，由双方协议清偿；协议不成的，由人民法院判决。

《最高人民法院关于适用〈中华人民共和国民法典〉婚姻家庭编的解释（一）》

第三十五条 当事人的离婚协议或者人民法院生效判决、裁定、调解书已经对夫妻财产分割问题作出处理的，债权人仍有权就夫妻共同债务向男女双方主张权利。

一方就夫妻共同债务承担清偿责任后，主张由另一方按照离婚协议或者人民法院的法律文书承担相应债务的，人民法院应予支持。

54. 夫妻共同债务如何认定？

案情简介

朱先生在2013年借给韩某7万元，担保人为韩某妻子张某，之后朱先生多次索要借款未果，朱先生是否可以要求韩某及其妻子张某共同承担偿还责任？

律师说法

《中华人民共和国民法典》第一千零六十四条规定，夫妻双方共同签名或者夫妻一方事后追认等共同意思表示所负的债务，以及夫妻一方

在婚姻关系存续期间以个人名义为家庭日常生活需要所负的债务，属于夫妻共同债务。

夫妻一方在婚姻关系存续期间以个人名义超出家庭日常生活需要所负的债务，不属于夫妻共同债务；但是，债权人能够证明该债务用于夫妻共同生活、共同生产经营或者基于夫妻双方共同意思表示的除外。

在司法实践中，夫妻一方作为借款人，另一方为借条中的“担保人”，符合夫妻共同债务认定标准中的“共债共签”原则。同时，意思表示真实是民事法律行为的生效要件之一。一方对另一方所借款项进行担保，可以认定为双方对该笔债务有共同且真实的意思表示，进而可认定为夫妻共同债务，因此双方应对借款承担共同偿还责任。

法条链接

《中华人民共和国民法典》

第一百三十四条第一款　民事法律行为可以基于双方或者多方的意思表示一致成立，也可以基于单方的意思表示成立。

第一百四十三条　具备下列条件的民事法律行为有效：

（一）行为人具有相应的民事行为能力；

（二）意思表示真实；

（三）不违反法律、行政法规的强制性规定，不违背公序良俗。

第一千零六十四条　夫妻双方共同签名或者夫妻一方事后追认等共同意思表示所负的债务，以及夫妻一方在婚姻关系存续期间以个人名义为家庭日常生活需要所负的债务，属于夫妻共同债务。

夫妻一方在婚姻关系存续期间以个人名义超出家庭日常生活需要所负的债务，不属于夫妻共同债务；但是，债权人能够证明该债务用于夫妻共同生活、共同生产经营或者基于夫妻双方共同意思表示的除外。

55. 夫妻婚内财产约定，能对抗第三人吗？

案情简介

乔女士和丈夫约定婚后实行AA制，而且婚内个人财产归个人，并签订了书面协议。现在丈夫做生意欠了一大笔债无力偿还，债主要求乔女士用自己的钱给丈夫还债。乔女士认为自己和丈夫早有约定，财产各归各的，因此不该替丈夫还钱。请问乔女士夫妻之间关于财产的约定，能对抗第三人吗？

律师说法

这涉及夫妻财产约定的对内效力和对外效力问题。对内效力是指财产约定对夫妻双方是有约束力的。对外效力是对第三方而言的，即夫妻婚内约定财产归一方所有，夫或妻对外所负债务，第三人知道该约定的，以夫或妻一方所有财产清偿。如果第三人不知道该约定，则按照法律相关规定来判断是否属于夫妻共同债务，如果属于夫妻共同债务，第三人可以请求夫妻双方共同偿还。如果属于夫或妻一方债务，则由夫或妻以一方财产偿还。

当然，在司法实践中，约定财产制产生对外效力的前提，是夫妻以外享有权利的第三人知道该夫妻之间具有关于财产的约定，并明确知道与其权利有关的内容。而关于第三人是否“知道”此约定，则需该夫妻举证证明，这样的证据可以是夫妻一方与第三人签订合同时在合同中注明的内容，或者第三人出具的知道该约定的声明书等。

法条链接

《中华人民共和国民法典》

第一千零六十五条 男女双方可以约定婚姻关系存续期间所得的财

产以及婚前财产归各自所有、共同所有或者部分各自所有、部分共同所有。约定应当采用书面形式。没有约定或者约定不明确的，适用本法第一千零六十二条、第一千零六十三条的规定。

夫妻对婚姻关系存续期间所得的财产以及婚前财产的约定，对双方具有法律约束力。

夫妻对婚姻关系存续期间所得的财产约定归各自所有，夫或者妻一方对外所负的债务，相对人知道该约定的，以夫或者妻一方的个人财产清偿。

56. “假离婚”变真离婚，能否要回拆迁房？

案情简介

周某和吴某夫妻二人婚后共同出资买的房子面临拆迁，为了多分一套安置房，二人打算“假离婚”，后二人便去民政局办理了离婚手续。安置房分下来后，二人把两个一居室的安置房卖掉又按揭买了套一室两厅的房子，为了保险起见二人还签了出资协议，约定二人的还款比例，二人本打算将该房写在儿子名下，但考虑还要按揭且孩子也小，便将房子写在了丈夫吴某名下。让周某没想到的是，吴某竟然背着她和别的女人登记结婚了，周某想要回房子的份额却遭到拒绝，请问房子还有周某的份额吗？

律师说法

在法律层面上，并不存在“假离婚”的说法。不管双方出于什么目的离婚，只要已经办理完毕离婚登记手续的，即产生离婚的法律效果。

无论是拆迁之前二人共同出资买的房子，还是拆迁后二人共同按揭买的一室两厅，都有周某的份额。前者是夫妻共同财产，后者是共有人之间的共同财产。周某可以向法院提起诉讼请求确认各自享有的份额。

《中华人民共和国民法典》第一千零八十七条第一款规定，离婚时，夫妻的共同财产由双方协议处理；协议不成的，由人民法院根据财产的具体情况，按照照顾子女、女方和无过错方权益的原则判决。

一般法院会根据出资情况、按揭还款情况等因素综合考虑后确认房子的份额。

法条链接

《中华人民共和国民法典》

第一千零八十七条第一款 离婚时，夫妻的共同财产由双方协议处理；协议不成的，由人民法院根据财产的具体情况，按照照顾子女、女方和无过错方权益的原则判决。

57. 办理“假离婚”是否有风险？

案情简介

吴先生打算购买另一套房，为此和妻子张女士商量办理“假离婚”，张女士有点担心，想确认一下有什么风险？

律师说法

第一，丧失财产的风险。夫妻双方“假离婚”时签订的财产分割协议，除非当事人能举证证明存在胁迫或欺诈事由，法院一般都会认定为有效。

第二，“弄假成真”的风险。从夫妻双方身份关系上看，“假离婚”之后，双方的婚姻关系已经结束，任意一方均有权选择与其他人再婚。如果一方不愿意复婚，就可能出现“弄假成真”的情况。

第三，可能承担刑事责任。有一些人采用伪造、变造离婚证或者网上购买假离婚证等方式进行“假离婚”，这是一种严重违法的行为，涉嫌构成伪造、变造、买卖国家机关公文、证件、印章罪，最高可以判处10年有期徒刑。此外，如果“假离婚”是为了躲避房产税收，则涉嫌违反税收法律，会受到相应的行政处罚，如果其逃避税收的数额较大，还可能受到相应的刑事处罚。

借离婚达到非法目的，属于民法规定的“以合法形式掩盖非法目的”，属于无效民事行为。

法条链接

《中华人民共和国民法典》

第一千零八十三条 离婚后，男女双方自愿恢复婚姻关系的，应当到婚姻登记机关重新进行结婚登记。

58. “假离婚”有法律风险吗？

案情简介

孙先生为了能多买一套房子，与妻子“假离婚”，离婚协议书上写明房子都给妻子，孩子的抚养权也给妻子。但“假离婚”后，孙先生的前妻却不愿意复婚，认为一个人带孩子生活反而更轻松。孙先生想知道，如果提供两人合谋“假离婚”的证据，法院会恢复他们的婚姻关系吗？

律师说法

根据《中华人民共和国民法典》第一千零八十条规定，完成离婚登记，或者离婚判决书、调解书生效，即解除婚姻关系。

无论是在法律规定上还是在司法实践中，我国都不承认“假离婚”。

取得婚姻登记机关出具的离婚证，就是国家法律认可的真实离婚。也就是说，在法律上，夫妻正式解除婚姻关系，离婚后取得的财产不再是夫妻共同财产，而是个人财产。至于夫妻双方进行离婚登记的动机，只要夫妻双方去离婚登记处办理离婚手续，没有胁迫、欺诈等极端非个人意愿，夫妻双方都被认为有离婚的真实意愿。

法条链接

《中华人民共和国民法典》

第一千零八十条 完成离婚登记，或者离婚判决书、调解书生效，即解除婚姻关系。

59. 遭遇家暴怎么办?

案情简介

刘女士的丈夫多次殴打她，刘女士想离婚，但丈夫扬言要杀了她。刘女士想知道申请人身安全保护令之后，是否可以一直保护她不受伤害?

律师说法

《中华人民共和国反家庭暴力法》第三十条规定，人身安全保护令的有效期不超过6个月，自作出之日起生效。人身安全保护令失效前，人民法院可以根据申请人的申请撤销、变更或者延长。

在司法实践中，如果6个月后依然处于不安全的情况下，可以向法院申请延长。人身安全保护令可以多次申请，也可以多次延长保护期限。

申请变更或者延长人身安全保护令的，人民法院会根据案件实际情况在人身安全保护令有效期限届满前作出裁定并送达申请人、被申请人和原协助执行的公安机关、居民委员会、村民委员会等有关组织。申请人对驳回申请不服或者被申请人对人身安全保护令不服的，可以自裁定生效之日起5日内向作出裁定的人民法院申请复议一次，复议期间不停止人身安全保护令的执行。

人民法院在收到复议申请后，可以启动听证程序进行审查，有条件的人民法院可以委托家事调查员对案件必须了解的相关情况进行调查，必要时，还可邀请专家辅助人对案件进行分析及判断，供人民法院在作出复议决定时参考。

作出人身安全保护令的人民法院，在人身安全保护令的有效期内，会定期或不定期地对案件进行跟踪回访，以检验人身安全保护令的实效，有条件的人民法院也会通过政府购买服务的方式委托基层组织、妇联组织、社工机构等进行前述工作。

法条链接

《中华人民共和国反家庭暴力法》

第三十条 人身安全保护令的有效期不超过六个月，自作出之日起生效。人身安全保护令失效前，人民法院可以根据申请人的申请撤销、变更或者延长。

60. 遭受家暴能否起诉离婚？

案情简介

王女士被丈夫刘先生家暴，于是提出离婚，刘先生表示自己只是一时失手，但王女士认为，家暴只有“零次”和“无数次”，因此坚决离婚。刘先生不同意，王女士该怎么办？

律师说法

法院审理离婚案件，首先会进行调解，如感情确已破裂，调解无效，应准予离婚。也就是说王女士可以单方面要求离婚，但前提会有调解程序，调解无效才会准予离婚。适用条件如下：1. 重婚或有配偶者与他人同居的；2. 实施家庭暴力或虐待、遗弃家庭成员的；3. 有赌博、吸毒等恶习屡教不改的；4. 因感情不和分居满 2 年的；5. 其他导致夫妻感情破裂的情形。在本案中，刘先生家暴王女士符合上述第二项的规定。

家庭暴力，是指家庭成员之间以殴打、捆绑、残害、限制人身自由以及经常性谩骂、恐吓等方式实施的身体、精神等侵害行为。可知，暴力侵害次数不是认定构成家暴的条件，只要有上述行为就构成家暴。面对家暴，要及时维护自己的权益，及时寻求民政部门、公安机关的帮助。

法条链接

《中华人民共和国民法典》

第一千零七十九条　夫妻一方要求离婚的，可以由有关组织进行调解或者直接向人民法院提起离婚诉讼。

人民法院审理离婚案件，应当进行调解；如果感情确已破裂，调解无效的，应当准予离婚。

有下列情形之一，调解无效的，应当准予离婚：

（一）重婚或者与他人同居；

（二）实施家庭暴力或者虐待、遗弃家庭成员；

（三）有赌博、吸毒等恶习屡教不改；

（四）因感情不和分居满二年；

（五）其他导致夫妻感情破裂的情形。

一方被宣告失踪，另一方提起离婚诉讼的，应当准予离婚。

经人民法院判决不准离婚后，双方又分居满一年，一方再次提起离婚诉讼的，应当准予离婚。

61. 遭受家暴，可以申请人身安全保护吗？

案情简介

李某与张女士自结婚以来，整日游手好闲，无所事事，张女士独自负担家庭开支，李某手头拮据伸手要钱得不到满足时，便对张女士拳脚相向。张女士不堪忍受，向法院提起离婚诉讼，但李某不愿离婚。张女士可以向法院申请人身安全保护吗，会起到什么作用？

律师说法

可以向法院申请人身安全保护令。

“人身安全保护令”是自 2016 年 3 月 1 日起施行的《中华人民共和国反家庭暴力法》的一大亮点，作为一种诉讼保全措施，当受害人遭受来自其家庭成员的暴力侵害时，可以向法院提出发出该裁定的申请。在离婚、继承等诉讼过程中提出的申请，正在审理这些案件的法官或合议庭可以进行裁定；在没有发生诉讼的情况下遭受家庭暴力，受害一方也可以单独就人身安全保护提出申请，此时为了尽快实现保护措施，法院会采用简易程序，由法官独任审理作出准许的裁定。在裁定是否准许时，法官如果认为有必要，会将被申请人（实施家庭暴力的一方）传唤到法庭进行询问，确认是否的确需要颁布人身安全保护令。裁定作出后，被申请人就不能再施暴，不能伤害或威胁受害人，从而借助国家强制手段加强对弱者的保护，抑制施暴者的行为。

如果遇到家暴，可以向村委会、居委会、派出所寻求帮助。人民法院受理人身保护申请后，应当在 72 小时内作出人身安全保护令或者驳回申请；情况紧急的，应当在 24 小时内作出答复。

法条链接

《中华人民共和国反家庭暴力法》

第二十三条 当事人因遭受家庭暴力或者面临家庭暴力的现实危险，向人民法院申请人身安全保护令的，人民法院应当受理。

当事人是无民事行为能力人、限制民事行为能力人，或者因受到强制、威吓等原因无法申请人身安全保护令的，其近亲属、公安机关、妇女联合会、居民委员会、村民委员会、救助管理机构可以代为申请。

62. 哪些证据可以认定为家暴？面对家暴如何处理？

案情简介

陈女士的丈夫每次醉酒都会变得狂躁，陈女士已经被丈夫醉酒后家暴过几次了。无法忍受的陈女士想知道如果起诉，法院会认可哪些是家暴的证据，她应该怎么办？

律师说法

法院认可的家暴证据一般有以下几点：

1. 受害方在遭受家庭暴力后的报警记录。
2. 受害方就医时医院开具的病历记录或检查照片。
3. 相关鉴定机构对受害人所作出的伤害鉴定结果。
4. 施暴一方的书面保证或有关录音。
5. 邻居朋友的证言。

一旦遇到家暴，可以向村委会、居委会、派出所寻求帮助。居民委员会、村民委员会应当予以劝阻；公安机关应当予以制止。实施家庭暴力或虐待家庭成员，受害人提出请求的，公安机关应当依照治安管理处罚的法律规定予以行政处罚。

法条链接

《中华人民共和国反家庭暴力法》

第二十条 人民法院审理涉及家庭暴力的案件，可以根据公安机关出警记录、告诫书、伤情鉴定意见等证据，认定家庭暴力事实。

63. 如何保留被家暴的证据？

案情简介

王先生婚前就知道妻子脾气不好，但当时不觉得是大问题，谁料结婚后，妻子变本加厉，一点小事就对王先生动手，王先生现在想起诉离婚。王先生想知道如何保留证据证明被家暴的事实？

律师说法

家暴发生于家庭成员中，通常具有隐蔽性。在司法实践中可以通过保留受伤的照片或视频等证明材料来证明遭遇家暴；如果家中有其他证人的，他们的证人证言也可以成为证据，即使是未成年孩子，其证言也能起到一定的证明作用；另外就医的病历卡、施暴人保证书、报警记录等都可以成为发生家暴的证据。

法条链接

《中华人民共和国民事诉讼法》

第六十六条 证据包括：

（一）当事人的陈述；

（二）书证；

（三）物证；

（四）视听资料；

（五）电子数据；

（六）证人证言；

（七）鉴定意见；

（八）勘验笔录。

证据必须查证属实，才能作为认定事实的根据。

64. 遭遇家暴，离婚时能否提出损害赔偿？

案情简介

李女士和丈夫结婚3年多了，丈夫一心情不好就会喝酒发脾气，有时还打骂李女士。李女士想问她能否提出离婚损害赔偿？

律师说法

可以。根据《中华人民共和国民法典》相关规定，实施家庭暴力导致离婚的，无过错方有权请求损害赔偿。

在现实中，一些家庭存在程度不一的暴力现象，但不是所有家庭中的打骂、争执行为都能构成家庭暴力，法律要求认定家庭暴力必须造成身体上、精神上的一定伤害后果。如果仅是软组织轻微挫伤，法院是不会认定为家庭暴力的，只有殴打行为导致了轻伤以上严重后果时，法院才有可能认定为家庭暴力。

夫妻一方有过错而导致婚姻家庭关系破裂，一方要求离婚，那么离婚时对无过错方所受的损失，有过错方应承担赔偿责任。

需要注意的是，无过错方向人民法院提起损害赔偿请求的，必须在离婚诉讼的同时提出。

如果遇到此类问题，不要一味忍耐、逃避，及时寻求法律帮助，保护自身安全和合法权益。

法条链接

《中华人民共和国民法典》

第一千零九十一条 有下列情形之一，导致离婚的，无过错方有权请求损害赔偿：

（一）重婚；

（二）与他人同居；

（三）实施家庭暴力；

（四）虐待、遗弃家庭成员；

（五）有其他重大过错。

65. 女方怀孕期间，男方能否提出离婚？

案情简介

黄女士怀孕4个月时发现丈夫出轨，丈夫提出离婚，考虑到肚子里的孩子，黄女士并不想离婚。可黄女士想知道，怀孕期间丈夫能不能要求离婚？

律师说法

男方不能在女方怀孕期间提出离婚。

《中华人民共和国民法典》第一千零八十二条规定，女方在怀孕期间、分娩后1年内或者终止妊娠后6个月内，男方不得提出离婚；但是，女方提出离婚或者人民法院认为确有必要受理男方离婚请求的除外。

无过错方的合法权益应得到保护。女方怀孕期间、分娩1年内男方不能提起离婚诉讼中“怀孕、分娩”的本义应理解为因丈夫和妻子的双方行为而发生的怀孕、分娩。

但如果存在女方与第三人通奸致孕，存在严重过错的情况下，再剥夺男方的离婚请求权，容易导致矛盾的激化。所以，应赋予男方的离婚请求权。

法条链接

《中华人民共和国民法典》

第一千零八十二条 女方在怀孕期间、分娩后一年内或者终止妊娠后六个月内，男方不得提出离婚；但是，女方提出离婚或者人民法院认为确有必要受理男方离婚请求的除外。

66. 女方在哺乳期可以提出离婚吗?

案情简介

李女士哺乳期发现丈夫出轨，提出离婚，但丈夫不同意，还说现在宝宝才2个月，就是她起诉到法院，也不会被受理。李女士想问，孩子2个月，真的不能起诉离婚吗?

律师说法

在哺乳期内，女方可以向法院提起离婚诉讼。法律禁止男方在妇女哺乳期间提出离婚，但没有剥夺处于哺乳期妇女的离婚自由权，女方可以提起离婚诉讼，也可以双方协议离婚。女方在怀孕期间，分娩后1年内或中止妊娠后6个月内男方不得提出离婚。但是，这样的限制仅是针对男方而言，女方提出离婚则不在此限。

该条规定限制了男方在女方孕期、产期和哺乳期内提出离婚的权利，是为了照顾女方怀孕期间和分娩后1年内或中止妊娠后6个月内的特殊情况，在该特殊期限内，妇女身体比较虚弱，在生理和心理上有一定负担；胎儿和婴儿正处在发育阶段，需要精心的护理和照顾，在此期

限内限制男方提出离婚，既是为了保护胎儿、婴儿的健康、维护妇女的身心健康，也是社会主义道德的要求。如果此时男方提出离婚，既影响妇女的身心健康，也不利于胎、婴儿的健康发育和成长。如果女方在此期间内提出离婚，视为其自愿放弃法律对自己的特殊保护，说明其本人对离婚已有思想准备。

法条链接

《中华人民共和国民法典》

第一千零八十二条 女方在怀孕期间、分娩后一年内或者终止妊娠后六个月内，男方不得提出离婚；但是，女方提出离婚或者人民法院认为确有必要受理男方离婚请求的除外。

67. 一方不能生育，另一方起诉离婚，法院是否一定会判决离婚？

案情简介

段女士与丈夫赵某于2013年登记结婚，婚后双方一直没能生育。经检查，丈夫赵某需要治疗，但后来一直无法治愈。段女士打算向法院起诉，称赵某不具备生育能力，剥夺了其做母亲的权利，那么，一方不能生育，法院是否一定会判决离婚呢？

律师说法

赵先生无法让段女士生育的原因并不是违法行为，也不是故意为之，不能因一方不能满足对方的生育权，就认定侵犯对方的生育权，更不能就此认定夫妻感情彻底破裂。对于此种情况，法院一般不会直接判决离婚。

一方不能生育可以起诉离婚，但不能生育不属于法定应当判决离婚的情形，也不属于认定双方感情是否破裂的主要因素。法院审理离婚案件认定准予或不准予离婚是以“夫妻感情是否确已破裂”为依据。对于夫妻感情是否破裂，法院会从双方的婚姻基础、婚后感情、离婚原因、夫妻关系的现状和有无和好的可能等方面综合判断，而不会单纯以能不能生育子女作为判决离婚的理由。

法条链接

《中华人民共和国民法典》

第一千零七十九条第一款、第二款、第三款 夫妻一方要求离婚的，可以由有关组织进行调解或者直接向人民法院提起离婚诉讼。

人民法院审理离婚案件，应当进行调解；如果感情确已破裂，调解无效的，应当准予离婚。

有下列情形之一，调解无效的，应当准予离婚：

（一）重婚或者与他人同居；

（二）实施家庭暴力或者虐待、遗弃家庭成员；

（三）有赌博、吸毒等恶习屡教不改；

（四）因感情不和分居满二年；

（五）其他导致夫妻感情破裂的情形。

68. 妻子瞒着丈夫做流产手术，丈夫能否请求损害赔偿？

案情简介

李先生和妻子结婚3年多，妻子用各种理由不想生孩子。上个月，妻子怀孕了，却擅自去医院做了流产手术。李先生问，现在他打算离婚，可以要求妻子对他进行精神损害赔偿吗？

律师说法

不可以。

《中华人民共和国妇女权益保障法》第五十一条第一款明确规定，妇女有按照国家有关规定生育子女的权利，也有不生育的自由。《最高人民法院关于适用〈中华人民共和国民法典〉婚姻家庭编的解释（一）》第二十三条规定，夫以妻擅自中止妊娠侵犯其生育权为由请求损害赔偿的，人民法院不予支持；夫妻双方因是否生育发生纠纷，致使感情确已破裂，一方请求离婚的，人民法院经调解无效，应依照《中华人民共和国民法典》第一千零七十九条第三款第五项的规定处理。

根据上述法律规定，如果李先生要求妻子对其进行精神损害赔偿，法律是不会支持的。因此，建议夫妻二人就此问题，好好沟通解决，如果协商不成，婚姻关系存续会导致一方生育意愿无法实现，可以协议离婚，或向法院起诉，要求解除婚姻关系。

丈夫不能因妻子擅自做流产手术而要求精神损害赔偿。因为妇女有生与不生孩子的自由，任何人都不能勉强，即便妻子做流产手术，丈夫以侵犯生育权为由请求损害赔偿的，法院也不会支持。

法条链接

《最高人民法院关于适用〈中华人民共和国民法典〉婚姻家庭编的解释（一）》

第二十三条　夫以妻擅自中止妊娠侵犯其生育权为由请求损害赔偿的，人民法院不予支持；夫妻双方因是否生育发生纠纷，致使感情确已破裂，一方请求离婚的，人民法院经调解无效，应依照民法典第一千零七十九条第三款第五项的规定处理。

《中华人民共和国妇女权益保障法》

第五十一条第一款　妇女有按照国家有关规定生育子女的权利，也有不生育的自由。

69. 女方擅自中止妊娠，男方能要求损害赔偿吗？

案情简介

冯女士与蒋先生结婚后2年，双方父母见他们还没有生育孩子的打算，便开始规劝，蒋先生被说动，冯女士虽不是很情愿，但也不反感，不久冯女士就怀孕了。眼看着冯女士肚子一天天变大，一家人小心翼翼，并且也尽量让冯女士少活动，冯女士感到不适，于是擅自中止妊娠。而蒋先生提出离婚，并且要求冯女士赔偿自己的生育损失。法律会支持这样的请求吗？

律师说法

根据相关法律法规的规定，丈夫以妻子擅自中止妊娠侵犯其生育权为由请求损害赔偿，法院不予支持。但若因此发生纠纷，致使夫妻感情破裂，夫或妻一方提出离婚的，经调解无效，法院应准予离婚。蒋先生和冯女士因生育出现纠纷，如果蒋先生仅提出损害赔偿，法院不予支持，若因此事导致夫妻感情破裂的，可以离婚，但是没有损害赔偿。

生育权是法律赋予公民的一项基本权利，夫妻双方各自都享有生育权。只有夫妻协商一致，共同行使这一权利，生育权才能实现。如果妻子不愿意生育，丈夫不得以其享有生育权为由强迫妻子生育。妻子未经丈夫同意中止妊娠，虽可能对夫妻感情造成伤害，甚至危及婚姻稳定，但丈夫并不能以本人享有的生育权对抗妻子享有的生育决定权。

法条链接

《最高人民法院关于适用〈中华人民共和国民法典〉婚姻家庭编的解释（一）》

第二十三条 夫以妻擅自中止妊娠侵犯其生育权为由请求损害赔偿

的，人民法院不予支持；夫妻双方因是否生育发生纠纷，致使感情确已破裂，一方请求离婚的，人民法院经调解无效，应依照民法典第一千零七十九条第三款第五项的规定处理。

《中华人民共和国民法典》

第一千零七十九条 夫妻一方要求离婚的，可以由有关组织进行调解或者直接向人民法院提起离婚诉讼。

人民法院审理离婚案件，应当进行调解；如果感情确已破裂，调解无效的，应当准予离婚。

有下列情形之一，调解无效的，应当准予离婚：

（一）重婚或者与他人同居；

（二）实施家庭暴力或者虐待、遗弃家庭成员；

（三）有赌博、吸毒等恶习屡教不改；

（四）因感情不和分居满二年；

（五）其他导致夫妻感情破裂的情形。

一方被宣告失踪，另一方提起离婚诉讼的，应当准予离婚。

经人民法院判决不准离婚后，双方又分居满一年，一方再次提起离婚诉讼的，应当准予离婚。

70. 探望权该如何约定?

案情简介

孟女士打算和丈夫离婚，自己一直在家带孩子，但经济能力各方面都不如孩子父亲，她想知道，如果抚养权归孩子父亲，自己在探望权方面一般该怎么约定呢?

律师说法

对于孟女士来说，先由双方在签订离婚协议书或者扶养协议书时，约定探视时间、方式、地点等内容，约定一致后，需要按照协议书上的约定来执行。

如果双方不能解决探视问题，法院会根据双方当事人和孩子的实际情况确定，一般法院会判决另一方在每个月单周或双周的某一天行使探视权，也可能会有一天至两天的探视时间。

离婚协议书对子女探望权双方协商一致书写即可。离婚时双方对子女探望不能达成协议的，由人民法院在处理离婚案件时一并判决。一般在不影响子女的学习、严重改变子女生活规律的前提下，确定一段时间内，间接扶养方可与子女单独交流。

法条链接

《中华人民共和国民法典》

第一千零八十六条 离婚后，不直接抚养子女的父或者母，有探望子女的权利，另一方有协助的义务。

行使探望权利的方式、时间由当事人协议；协议不成的，由人民法院判决。

父或者母探望子女，不利于子女身心健康的，由人民法院依法中止探望；中止的事由消失后，应当恢复探望。

71. 离婚后，一方拒绝另一方行使探望权，怎么办？

案情简介

李女士和丈夫离婚时约定，孩子和父亲生活在一起，周末和节假日李女士可以探望并带孩子出去玩，可离婚后孩子父亲却拒绝她探望，很难见到孩子的李女士该怎么办？

律师说法

孩子父亲拒不执行探视权，李女士可以向法院申请强制执行。对拒不执行有关抚养费、赡养费、财产分割、遗产继承、探望子女等判决或裁定的，由人民法院依法强制执行，有关个人和单位应负协助执行的责任。

在孩子的成长过程中，父爱和母爱同样重要，夫妻之间离婚本来对孩子的伤害就很大，夫妻又因为一己私利不让对方行使探望权，是对孩子不负责任的表现。

一方在行使探望权时，直接抚养子女的一方有协助的义务。如果直接抚养子女的一方不履行协助探望的义务，或者是采取各种手段，阻碍另一方实现探望权的，那么有探望权的一方可通过向人民法院起诉，实现自己的探望权。

法条链接

《中华人民共和国民法典》

第一千零八十六条　离婚后，不直接抚养子女的父或者母，有探望子女的权利，另一方有协助的义务。

行使探望权利的方式、时间由当事人协议；协议不成的，由人民法院判决。

父或者母探望子女，不利于子女身心健康的，由人民法院依法中止探望；中止的事由消失后，应当恢复探望。

72. 离婚后，另一方把孩子藏起来怎么办？

案情简介

陈女士和前夫孙某到法院起诉离婚，2 岁半的儿子判给了陈女士，可孙某拒不交出孩子，还和家人把孩子藏了起来。陈女士想知道，怎样才能要回孩子？

律师说法

《中华人民共和国民事诉讼法》第二百四十三条规定，发生法律效力的民事判决、裁定，当事人必须履行。一方拒绝履行的，对方当事人可以向人民法院申请执行，也可以由审判员移送执行员执行。调解书和其他应当由人民法院执行的法律文书，当事人必须履行。一方拒绝履行的，对方当事人可以向人民法院申请执行。

在司法实践中，如果遇到这种情况，当事人可以向法院申请强制执行。如果对方仍然拒不执行，则可能构成刑事犯罪。《最高人民法院关于审理拒不执行判决、裁定刑事案件适用法律若干问题的解释》第一条规定，被执行人、协助执行义务人、担保人等负有执行义务的人对人民法院的判决、裁定有能力执行而拒不执行，情节严重的，应当依照《中华人民共和国刑法》第三百一十三条的规定，以拒不执行判决、裁定罪处罚。

法条链接

《中华人民共和国民事诉讼法》

第二百四十三条 发生法律效力的民事判决、裁定，当事人必须履行。一方拒绝履行的，对方当事人可以向人民法院申请执行，也可以由审判员移送执行员执行。

调解书和其他应当由人民法院执行的法律文书，当事人必须履行。一方拒绝履行的，对方当事人可以向人民法院申请执行。

《最高人民法院关于审理拒不执行判决、裁定刑事案件适用法律若干问题的解释》

第一条 被执行人、协助执行义务人、担保人等负有执行义务的人对人民法院的判决、裁定有能力执行而拒不执行，情节严重的，应当依照刑法第三百一十三条的规定，以拒不执行判决、裁定罪处罚。

73. 离婚后对方阻挠看望孩子，该如何行使探望权？

案情简介

赵女士与前夫通过诉讼离婚，7 岁的儿子被判给男方，由男方抚养，而她每月可探望孩子一次，可是，现在男方以各种理由阻止她探望孩子。赵女士想知道，自己应如何行使探望权？

律师说法

按照法院判决书的要求，赵女士可以每月探望孩子一次，男方有义务配合。夫妻离婚后，没有直接抚养子女的一方，有探望子女的权利，另一方有协助义务。关于什么时候探望、怎么探望，都可以由当事人协商。但是，遇到不利于子女身心健康的情况，需要由法院依法中止探望，自己不能随意决定。如果有协助义务的一方拒不配合另一方探望孩子，可以向法院申请强制执行。

在司法实践中，由于探视权是与人身相关的权利，因此即使在法院作出判决之后，一方不履行的，也无法强制执行，而法院只能要求监护人予以配合。执行中加强与有关部门的协调，调动妇联、街道、社区服务中心甚至学校等机构积极参与，配合法院做好当事人的思想工作，从多角度、多方面保障当事人权利的行使。

法条链接

《中华人民共和国民法典》

第一千零八十六条 离婚后，不直接抚养子女的父或者母，有探望子女的权利，另一方有协助的义务。

行使探望权利的方式、时间由当事人协议；协议不成的，由人民法院判决。

父或者母探望子女，不利于子女身心健康的，由人民法院依法中止探望；中止的事由消失后，应当恢复探望。

《最高人民法院关于适用〈中华人民共和国民法典〉婚姻家庭编的解释（一）》

第六十六条 当事人在履行生效判决、裁定或者调解书的过程中，一方请求中止探望的，人民法院在征询双方当事人意见后，认为需要中止探望的，依法作出裁定；中止探望的情形消失后，人民法院应当根据当事人的请求书面通知其恢复探望。

第六十七条 未成年子女、直接抚养子女的父或者母以及其他对未成年子女负担抚养、教育、保护义务的法定监护人，有权向人民法院提出中止探望的请求。

第六十八条 对于拒不协助另一方行使探望权的有关个人或者组织，可以由人民法院依法采取拘留、罚款等强制措施，但是不能对子女的人身、探望行为进行强制执行。

74. 祖父母有权探望孙子吗？

案情简介

王女士和刘先生离婚了，儿子判给王女士抚养，刘先生的母亲十分想念孙子，想去探望。但王女士与这位前婆婆一直不和睦，她觉得法律并没有强制规定祖父母一定能探望孙子，所以断然拒绝了刘先生母亲的要求。王女士的做法违法吗？

律师说法

当前法律只规定了父或母一方享有探望权，对祖父母或外祖父母是否享有探望权，没有明确规定。但是，对于法律没有明文规定的地方，可以适用法律原则来补充，根据民法的原则，民事行为人的行为不得违

背公序良俗。祖父母或者外祖父母探望孙子女属于天伦人理，符合亲情的需要，孙子女也有见到除了监护人以外其他亲人的权利，所以王女士的拒绝行为违背公序良俗，另外也侵害了被监护人的权益，不应得到支持。当然，如果王女士认为刘先生母亲的探望不利于儿子的身心健康，可向法院申请中止探望。

关于祖父母、外祖父母是否享有探望权的问题涉及当事人的情感、隐私、风俗习惯等很多伦理因素，要尽量避免法律的刚性对婚姻家庭和未成年人生活的伤害。原则上应根据法律规定，将探望权的主体限定为父或者母，但是可以探索在特定情况下的突破，如祖父母或外祖父母代替已经死亡或者无抚养能力的子女尽抚养义务时，可以赋予其探望权。

法条链接

《中华人民共和国民法典》

第八条　民事主体从事民事活动，不得违反法律，不得违背公序良俗。

第十条　处理民事纠纷，应当依照法律；法律没有规定的，可以适用习惯，但是不得违背公序良俗。

第一千零八十六条　离婚后，不直接抚养子女的父或者母，有探望子女的权利，另一方有协助的义务。

行使探望权利的方式、时间由当事人协议；协议不成的，由人民法院判决。

父或者母探望子女，不利于子女身心健康的，由人民法院依法中止探望；中止的事由消失后，应当恢复探望。

75. 结婚证如何补办？

案情简介

刘女士最近发现结婚证丢失了，结婚登记是在其他城市办理的，现在夫妻一方户口在北京，请问可以在北京补办吗？

律师说法

根据《北京市婚姻登记工作规范》第八十八条的规定，当事人婚姻登记证遗失、损毁或者与所持身份证件信息不一致的，可以向下列婚姻登记机关申请补领：1. 一方常住户口在本市的当事人可以向本市任一区民政局申请补领；2. 部队驻地、入伍前常住户口在本市的现役军人可以向本市任一区民政局申请补领；3. 双方目前常住户口均不在本市或者均非内地居民，原婚姻登记在市民政局办理的，当事人可以向本市任一区民政局申请补领；4. 双方目前常住户口均不在本市或者均非内地居民，原婚姻登记在区民政局办理的，当事人可以向原办理婚姻登记的区民政局申请补领。

据此可知，只要夫妻一方户口在北京，就可以在北京申请补办结婚证。

法条链接

《北京市婚姻登记工作规范》

第八十八条 当事人婚姻登记证遗失、损毁或者与所持身份证件信息不一致的，可以向下列婚姻登记机关申请补领：

（一）一方常住户口在本市的当事人可以向本市任一区民政局申请补领；

（二）部队驻地、入伍前常住户口在本市的现役军人可以向本市任一区民政局申请补领；

（三）双方目前常住户口均不在本市或者均非内地居民，原婚姻登记在市民政局办理的，当事人可以向本市任一区民政局申请补领；

（四）双方目前常住户口均不在本市或者均非内地居民，原婚姻登记在区民政局办理的，当事人可以向原办理婚姻登记的区民政局申请补领。

76. 结婚证可以异地补办吗？

案情简介

王先生结婚后和妻子一同到北京打工，一次搬家后二人发现结婚证丢了。王先生听说，结婚证可以异地补办，但是王先生打当地民政局的电话咨询时被告知无法异地补办，请问结婚证可以异地补办吗？

律师说法

根据王先生的情况来看，无法异地补办结婚证。

《婚姻登记条例》第十七条规定，结婚证、离婚证遗失或者损毁的，当事人可以持户口簿、身份证向原办理婚姻登记的机关或者一方当事人常住户口所在地的婚姻登记机关申请补领。婚姻登记机关对当事人的婚姻登记档案进行查证，确认属实的，应当为当事人补发结婚证、离婚证。

结婚证丢失或破损的，在补办时需要提交下列材料：

1. 本人身份证明文件，身份证原件和户口本原件。

2. 婚姻关系证明，可提供婚姻登记档案保管部门出具的结婚登记记录证明。

3. 结婚证破损的需提供原件。

4. 双方近期 2 寸免冠合照三张。

5. 登记有误的需要原登记机关或者派出所出具证明。

法条链接

《婚姻登记条例》

第十七条 结婚证、离婚证遗失或者损毁的，当事人可以持户口簿、身份证向原办理婚姻登记的机关或者一方当事人常住户口所在地的婚姻登记机关申请补领。婚姻登记机关对当事人的婚姻登记档案进行查证，确认属实的，应当为当事人补发结婚证、离婚证。

77. 如何办理离婚手续？

案情简介

李先生和老婆结婚2年，现在两个人经常吵架，李先生想离婚，请问怎么办理离婚手续？

律师说法

如果夫妻双方都认为感情确已破裂，同意离婚，并且对财产分割、孩子抚养问题协商一致的，可以协议离婚，双方携带本人的户口簿、身份证，本人的结婚证，以及双方共同签署的离婚协议书到一方常住户口所在地婚姻登记机关办理离婚登记。如果不能协商一致的，可以提起离婚诉讼。

离婚方式有两种，分别是协议离婚、诉讼离婚。协议离婚需要到一方常住户口所在地婚姻登记机关办理离婚登记。诉讼离婚则可以向被告经常居住地的人民法院提起离婚诉讼，如果被告不在国内居住或下落不明及宣告失踪、被采取强制性教育措施、被监禁，一般在原告经常居住地人民法院起诉。

法条链接

《中华人民共和国民法典》

第一千零七十六条 夫妻双方自愿离婚的，应当签订书面离婚协议，并亲自到婚姻登记机关申请离婚登记。

离婚协议应当载明双方自愿离婚的意思表示和对子女抚养、财产以及债务处理等事项协商一致的意见。

78. 办理离婚登记后反悔，要重新申请结婚吗？

案情简介

温女士上个月和丈夫签订了离婚协议书，并到婚姻登记机关申请了离婚登记。但两人在本月却打消了离婚的念头，两人的关系逐渐缓和。温女士想知道，他们现在还是合法夫妻吗，如果还想继续在一起，需要重新申请结婚证吗？

律师说法

根据《中华人民共和国民法典》第一千零七十七条规定，自婚姻登记机关收到离婚登记申请之日起30日内，任何一方不愿意离婚的，可以向婚姻登记机关撤回离婚登记申请。双方应当亲自到婚姻登记机关申请发给离婚证；未申请的，视为撤回离婚登记申请。因此，只要还没有申请到离婚证，就还是合法夫妻，这就是《中华人民共和国民法典》中新增的离婚冷静期。

设置离婚冷静期的目的主要是防止冲动离婚，但离婚主动权仍然掌握在夫妻双方手中。离婚冷静期内是否撤回离婚申请、冷静期届满后是否申请离婚，仍然取决于夫妻双方。如果登记离婚程序中的冷静期届满，一方对离婚、子女抚养、财产分割等事项产生其他意见和想法，双方无法协商一致的，则不再符合登记离婚的适用条件，要求离婚的一方可以采取诉讼的方式解除婚姻关系。

法条链接

《中华人民共和国民法典》

第一千零七十七条 自婚姻登记机关收到离婚登记申请之日起三十日内，任何一方不愿意离婚的，可以向婚姻登记机关撤回离婚登记申请。

前款规定期限届满后三十日内，双方应当亲自到婚姻登记机关申请发给离婚证；未申请的，视为撤回离婚登记申请。

79. 签了离婚协议能反悔吗？

案情简介

老王工作之余经常会和朋友们喝酒，一喝酒总是很晚才回家。妻子刘女士很生气，常因此大吵大闹，长此以往，老王觉得很扫兴，一气之下便让人拟了离婚协议，双方签了字。但是，随着妻子搬出去，老王后悔了，想知道签过的离婚协议有效吗？

律师说法

首先，从程序上来看，离婚协议书只有双方在民政部门办理了离婚手续后或是经过法院判决后才能生效。在办理离婚手续前，只要夫妻有一方反悔，离婚协议就不发生法律效力。法院审判时，也不会根据离婚协议书的内容作出判决。

其次，从内容上来看，离婚协议要符合相关法律规定，否则可能被认定为无效。对于离婚协议书无效的情形主要针对的是离婚协议书中的内容涉及违反我国法律、行政法规的强制性规定而导致无效；或者是因为离婚协议书中的内容并非夫妻双方真实意思表示，可能是为了掩盖某种非法的目的或者是受欺诈受胁迫等。

而在现实中，一份有效的离婚协议应当载明双方自愿离婚的意思表示和对子女抚养、财产以及债务处理等事项协商一致的意见，可能会有一些原因导致离婚协议的无效。因此，若是想要通过离婚协议离婚，不仅双方应当协商一致，还可以请律师帮助拟定一份合法有效的离婚协议。

法条链接

《中华人民共和国民法典》

第一百四十八条 一方以欺诈手段，使对方在违背真实意思的情况下实施的民事法律行为，受欺诈方有权请求人民法院或者仲裁机构予以撤销。

第一千零七十六条 夫妻双方自愿离婚的，应当签订书面离婚协议，并亲自到婚姻登记机关申请离婚登记。

离婚协议应当载明双方自愿离婚的意思表示和对子女抚养、财产以及债务处理等事项协商一致的意见。

80. 签订离婚协议后，一方反悔，离婚协议是否有效？

案情简介

张女士与丈夫签订离婚协议，丈夫却突然后悔，不同意离婚，张女士想到法院起诉离婚，她想知道，这份离婚协议的财产分割部分能否得到法院支持？

律师说法

离婚协议中的分割财产部分其性质为附条件的民事法律行为，在所附条件未成就的情况下，民事法律行为不发生法律效力。故在当事人未能协议离婚的情况下，其所订立的财产分割协议不发生法律效力，当事人一方在诉讼中主张按照该协议分割财产人民法院不予支持，而应该认定该协议未生效。

只签了离婚协议没有办理离婚登记意味着未离婚。两人还是婚姻关系，离婚协议书还有效，但是对方不同意离婚就不会发生效力。

法条链接

《最高人民法院关于适用〈中华人民共和国民法典〉婚姻家庭编的解释（一）》

第六十九条 当事人达成的以协议离婚或者到人民法院调解离婚为条件的财产以及债务处理协议，如果双方离婚未成，一方在离婚诉讼中反悔的，人民法院应当认定该财产以及债务处理协议没有生效，并根据实际情况依照民法典第一千零八十七条和第一千零八十九条的规定判决。

当事人依照民法典第一千零七十六条签订的离婚协议中关于财产以及债务处理的条款，对男女双方具有法律约束力。登记离婚后当事人因履行上述协议发生纠纷提起诉讼的，人民法院应当受理。

81. 签订财产分割协议后后悔怎么办？

案情简介

李先生与妻子就离婚问题签订财产分割协议，并将登记在李先生名下的一套夫妻共同所有的房屋过户到妻子名下，在办理离婚手续前，李先生后悔不想离婚了，那么签订的离婚财产分割协议有效吗，这套房子是妻子个人财产还是夫妻共同财产呢？

律师说法

根据《最高人民法院关于适用〈中华人民共和国民法典〉婚姻家庭

编的解释（一）》第六十九条第一款的规定，当事人达成的以协议离婚或者到人民法院调解离婚为条件的财产以及债务处理协议，如果双方离婚未成，一方在离婚诉讼中反悔的，人民法院应当认定该财产以及债务处理协议没有生效。

所以，本案中夫妻二人达成的财产分割协议虽然已经履行，但双方未能离婚，该份财产分割协议无效，尽管该房屋已经过户到妻子名下，但仍为夫妻二人的共同财产。

法条链接

《最高人民法院关于适用〈中华人民共和国民法典〉婚姻家庭编的解释（一）》

第六十九条 当事人达成的以协议离婚或者到人民法院调解离婚为条件的财产以及债务处理协议，如果双方离婚未成，一方在离婚诉讼中反悔的，人民法院应当认定该财产以及债务处理协议没有生效，并根据实际情况依照民法典第一千零八十七条和第一千零八十九条的规定判决。

当事人依照民法典第一千零七十六条签订的离婚协议中关于财产以及债务处理的条款，对男女双方具有法律约束力。登记离婚后当事人因履行上述协议发生纠纷提起诉讼的，人民法院应当受理。

82. 复婚后，原离婚协议的财产分割约定还是否有效？

案情简介

张女士与王先生离婚，离婚协议中约定夫妻双方共有的房屋归张女士所有，但未办理房屋变更登记。张女士后来发现自己怀孕了，与王先生商量后为孩子将来考虑，决定复婚，但双方对原离婚协议中的财产分割约定产生分歧，张女士想知道，如果复婚，该套房子的产权是否归自己所有？

律师说法

实务中类似本案的情形并不少见，一方当事人往往会认为复婚后原离婚协议失效，而且也没有办理产权变更登记，房屋应仍属于夫妻共同财产；而另一方则认为应该按照原离婚协议约定，归自己一人所有。

本案中张女士与王先生在离婚时协议约定房屋归张女士所有，自双方办理离婚登记时发生法律效力，即使还未办理房屋变更登记手续，也不影响该约定的效力，如果张女士与王先生复婚，则该套房产属于张女士的个人婚前财产。

《最高人民法院关于适用〈中华人民共和国民法典〉婚姻家庭编的解释（一）》第三十一条规定，《中华人民共和国民法典》第一千零六十三条规定为夫妻一方的个人财产，不因婚姻关系的延续而转化为夫妻共同财产。但当事人另有约定的除外。

夫妻双方在离婚时，如果协商一致对婚姻关系存续期间的夫妻共同财产的归属进行分割的，则对所分得的财产单独享有所有权。

法条链接

《最高人民法院关于适用〈中华人民共和国民法典〉婚姻家庭编的解释（一）》

第三十一条 民法典第一千零六十三条规定为夫妻一方的个人财产，不因婚姻关系的延续而转化为夫妻共同财产。但当事人另有约定的除外。

83. 分居满2年婚姻关系就自动解除了吗？

案情简介

陈女士和丈夫因为工作原因分居多年，陈女士发现丈夫跟一名女性

联系密切。她听说只要分居满2年婚姻关系就自动解除，真的是这样吗？

律师说法

这样的理解是错误的。分居满 2 年婚姻关系不会自动解除。

根据《中华人民共和国民法典》的相关规定，离婚可大致分为两种方式：其一是夫妻双方自愿的协议离婚，需按照规定亲自到婚姻登记机关进行申请。其二是夫妻一方要求离婚，可向人民法院提起离婚诉讼。而根据《中华人民共和国民法典》第一千零七十九条的相关规定，人民法院审理离婚案件，应当进行调解，但夫妻双方因感情不和分居满 2 年，调解无效的，法院应当准予离婚。由此可见，分居满 2 年只是法院判定夫妻关系破裂，准予离婚的条件之一，并不会必然导致离婚。

法条链接

《中华人民共和国民法典》

第一千零七十七条 自婚姻登记机关收到离婚登记申请之日起三十日内，任何一方不愿意离婚的，可以向婚姻登记机关撤回离婚登记申请。

前款规定期限届满后三十日内，双方应当亲自到婚姻登记机关申请发给离婚证；未申请的，视为撤回离婚登记申请。

第一千零七十九条 夫妻一方要求离婚的，可以由有关组织进行调解或者直接向人民法院提起离婚诉讼。

人民法院审理离婚案件，应当进行调解；如果感情确已破裂，调解无效的，应当准予离婚。

有下列情形之一，调解无效的，应当准予离婚：

（一）重婚或者与他人同居；

（二）实施家庭暴力或者虐待、遗弃家庭成员；

（三）有赌博、吸毒等恶习屡教不改；

（四）因感情不和分居满二年；

（五）其他导致夫妻感情破裂的情形。

一方被宣告失踪，另一方提起离婚诉讼的，应当准予离婚。

经人民法院判决不准离婚后，双方又分居满一年，一方再次提起离婚诉讼的，应当准予离婚。

84. 离婚时，夫妻一方身在国外，另一方如何起诉离婚？

案情简介

田先生和妻子感情破裂打算离婚，但是妻子3年前出国至今没有回国，请问这种情况下田先生应该到哪个法院起诉？

律师说法

在离婚案件中，一般遵循原告就被告的原则。但在本案例中，一方在国外，另一方在国内，应到国内一方住所地法院起诉离婚。

《最高人民法院关于适用〈中华人民共和国民事诉讼法〉的解释》第十二条规定，夫妻一方离开住所地超过1年，另一方起诉离婚的案件，可以由原告住所地人民法院管辖。夫妻双方离开住所地超过1年，一方起诉离婚的案件，由被告经常居住地人民法院管辖；被告没有经常居住地的，由原告起诉时被告居住地人民法院管辖。第十五条规定，中国公民一方居住在国外，一方居住在国内，不论哪一方向人民法院提起离婚诉讼，国内一方住所地人民法院都有权管辖。国外一方在居住国法院起诉，国内一方向人民法院起诉的，受诉人民法院有权管辖。

法条链接

《最高人民法院关于适用〈中华人民共和国民事诉讼法〉的解释》

第十二条 夫妻一方离开住所地超过一年，另一方起诉离婚的案件，可以由原告住所地人民法院管辖。

夫妻双方离开住所地超过一年，一方起诉离婚的案件，由被告经常居住地人民法院管辖；没有经常居住地的，由原告起诉时被告居住地人民法院管辖。

第十五条 中国公民一方居住在国外，一方居住在国内，不论哪一方向人民法院提起离婚诉讼，国内一方住所地人民法院都有权管辖。国外一方在居住国法院起诉，国内一方向人民法院起诉的，受诉人民法院有权管辖。

85. 夫妻一方下落不明，另一方如何才能办理离婚？

案情简介

李某和妻子结婚后，知道妻子精神方面有问题，但没想到妻子会走失。在多方寻找无果的情况下，1年后李某打算放弃，如果再婚，需要先办理离婚，那么，对于下落不明的妻子，李某该如何办理离婚登记呢？

律师说法

可以起诉离婚，也可以起诉请求宣告失踪。夫妻一方下落不明，另一方诉至人民法院只要求离婚，不申请宣告下落不明人失踪或者死亡的案件，人民法院应当受理，对下落不明人公告送达诉讼文书。

根据《中华人民共和国民事诉讼法》的规定，李某可以对下落不明的妻子提起有关身份关系的诉讼，由原告李某的住所地人民法院管辖；原告住所地与经常居住地不一致的，由原告经常居住地人民法院管辖。如果下落不明满2年，作为配偶，李某可以先向人民法院申请宣告失踪，待人民法院宣告失踪后，再向人民法院提起诉讼。

通过上述两种途径都能达到离婚的目的，但是在财产分配方面产生的法律后果有所不同。缺席判决离婚的，法院会依法分割夫妻共同财产，最常见的就是平均分配夫妻共同财产；宣告失踪的法律后果是失踪人的财产依法由他人代管。

法条链接

《中华人民共和国民事诉讼法》

第二十三条 下列民事诉讼，由原告住所地人民法院管辖；原告住所地与经常居住地不一致的，由原告经常居住地人民法院管辖：

（一）对不在中华人民共和国领域内居住的人提起的有关身份关系的诉讼；

（二）对下落不明或者宣告失踪的人提起的有关身份关系的诉讼；

（三）对被采取强制性教育措施的人提起的诉讼；

（四）对被监禁的人提起的诉讼。

第一百九十条 公民下落不明满二年，利害关系人申请宣告其失踪的，向下落不明人住所地基层人民法院提出。

申请书应当写明失踪的事实、时间和请求，并附有公安机关或者其他有关机关关于该公民下落不明的书面证明。

86. 一方入狱，另一方在外地打工，如何起诉离婚？

案情简介

刘女士的丈夫因违法犯罪被判有期徒刑5年，此后刘女士独自一人到外地某城市工作3年。现在她想起诉离婚，应该向哪个法院起诉呢？

律师说法

根据《中华人民共和国民事诉讼法》第二十三条第四项的规定，对被监禁的人提起的诉讼，由原告住所地人民法院管辖；原告住所地与经常居住地不一致的，由原告经常居住地人民法院管辖。

另外，根据《最高人民法院关于适用〈中华人民共和国民事诉讼法〉的解释》第三条的规定，公民的住所地是指公民的户籍所在地，法人或者其他组织的住所地是指法人或者其他组织的主要办事机构所在地。法人或者其他组织的主要办事机构所在地不能确定的，法人或者其他组织的注册地或者登记地为住所地。

因此，刘女士可向自己经常居住地的法院提起诉讼。

法条链接

《中华人民共和国民事诉讼法》

第二十三条 下列民事诉讼，由原告住所地人民法院管辖；原告住所地与经常居住地不一致的，由原告经常居住地人民法院管辖：

（一）对不在中华人民共和国领域内居住的人提起的有关身份关系的诉讼；

（二）对下落不明或者宣告失踪的人提起的有关身份关系的诉讼；

（三）对被采取强制性教育措施的人提起的诉讼；

（四）对被监禁的人提起的诉讼。

《最高人民法院关于适用〈中华人民共和国民事诉讼法〉的解释》

第三条 公民的住所地是指公民的户籍所在地，法人或者其他组织的住所地是指法人或者其他组织的主要办事机构所在地。

法人或者其他组织的主要办事机构所在地不能确定的，法人或者其他组织的注册地或者登记地为住所地。

87. 诉讼离婚是否可以申请不公开审理？

案情简介

王女士打算和丈夫离婚，对婚姻过错和财产分割问题，二人争执不下，最终协商无效走上法庭。但王女士考虑自己在某网络平台上有100

多万的“粉丝”，不想公开审理，可以吗？

律师说法

经王女士申请，可以不公开审理。

法院开庭审理案件，公开审理是原则，不公开审理是例外。根据《中华人民共和国民事诉讼法》的规定，不公开审理的案件包括两类：一是法定不公开审理的案件，主要是指涉及国家机密、个人隐私或者法律另有规定不公开审理的案件；二是依申请不公开审理的案件，主要是离婚案件和涉及商业秘密的案件。

离婚案件不同程度地涉及当事人的个人隐私、生活琐事，甚至有一些不足为外人道的难言之隐，如恋爱过程、收入状况、第三者插足、夫妻生活状况等。经当事人申请，法院决定不公开审理的离婚案件，可以不公开审理。作为公民的一项人格权，隐私权在性质上是绝对权，其核心内容是对自己的隐私依照自己的意志进行支配，其他任何人都负有不得侵害的义务。

法条链接

《最高人民法院关于严格执行公开审判制度的若干规定》

第二条第五项 经当事人申请，人民法院决定不公开审理的离婚案件。

88. 离婚后，户口要如何处理？

案情简介

张女士打算和丈夫离婚，丈夫说她的户口当时是因为结婚迁进来的，要张女士离婚后把户口处理一下，那么，离婚后女方户口一般要怎么处理，如果要迁移该怎么办理？

律师说法

首先，离婚与户口不存在必然的联系，我国的法律没有明确规定离婚一定要迁出户口，可以不迁。如果要迁移可以分两种情况：一是回迁户口，二是分户。所以女方户口可以单列，也可以继续留在原来的地方，还可以迁出。

其次，离婚后户口迁移手续一般如下：1. 到目前户籍所在地户口登记机关开具迁出证明；2. 办理迁入手续；3. 不同省区对户口迁移手续问题还作出了更加具体的规定，如果不明白如何办理户口迁移手续，亦可到当地的公安户口登记机关进行咨询。

在现实中，各省份关于离婚户口迁移的具体手续办理会有不同的规定，如需要准备什么材料和证明等，如果不清楚地方如何办理离婚户口迁移手续，亦可以到所在地的公安户口登记机关进行咨询。如果对相关法律规定不了解，可以寻求专业律师的帮助。

法条链接

《中华人民共和国户口登记条例》

第十条 公民迁出本户口管辖区，由本人或者户主在迁出前向户口登记机关申报迁出登记，领取迁移证件，注销户口。

公民由农村迁往城市，必须持有城市劳动部门的录用证明，学校的录取证明，或者城市户口登记机关的准予迁入的证明，向常住地户口登记机关申请办理迁出手续。

公民迁往边防地区，必须经过常住地县、市、市辖区公安机关批准。

第十三条 公民迁移，从到达迁入地的时候起，城市在三日以内，农村在十日以内，由本人或者户主持迁移证件向户口登记机关申报迁入登记，缴销迁移证件。

没有迁移证件的公民，凭下列证件到迁入地的户口登记机关申报迁入登记：

（一）复员、转业和退伍的军人，凭县、市兵役机关或者团以上军事机关发给的证件；

（二）从国外回来的华侨和留学生，凭中华人民共和国护照或者入境证件；

（三）被人民法院、人民检察院或者公安机关释放的人，凭释放机关发给的证件。

第十九条　公民因结婚、离婚、收养、认领、分户、并户、失踪、寻回或者其他事由引起户口变动的时候，由户主或者本人向户口登记机关申报变更登记。

89. 拿到离婚判决书还需要办理离婚证吗？

案情简介

小吴结婚3年后，由于和丈夫的矛盾不断加剧，向丈夫提出离婚，但对方一直不同意。后来，经过起诉，法院终于判离，拿到离婚判决书的小吴还需要去民政局办理离婚证吗？

律师说法

小吴夫妇属于法院判决离婚的，在离婚判决书生效之后，夫妻双方不用再去民政局办理离婚证。

已生效的离婚判决具有从法律上解除婚姻关系的效力，从离婚判决生效时起男女双方就已经解除了婚姻关系。当事人也可以凭借离婚判决书办理再婚登记、户口登记等事项，并且可以凭此证明自己的婚姻状况，也就是说，法院的生效离婚判决书的效力等同于离婚证。所以，一定要注意保管好离婚判决书。

如果法院判决离婚后想再婚，当事人直接带着离婚判决书和身份证明去当地婚姻登记机关办理就可以了。如果离婚判决书丢失，可以持身份证到审理离婚案件的法院档案室复印离婚判决书并加盖法院公章。离

婚判决书的复印件与原件的作用是一样的。然后带上离婚判决书、身份证、户口本即可办理结婚登记。

法条链接

《中华人民共和国民法典》

第一千零八十条 完成离婚登记，或者离婚判决书、调解书生效，即解除婚姻关系。

90. 离婚判决书丢了，影响复婚吗？

案情简介

张女士想问，离婚判决书丢失了，又需要再婚，该怎么办？

律师说法

在司法实践中，诉讼文书遗失可以通过两种途径找回。

第一种是当事人亲自在互联网查阅电子诉讼档案的正卷并下载打印。要注意的是，查阅诉讼档案需要提供本人有效身份证件。

第二种是当事人委托代理人代为查阅诉讼档案，又分为两种情况：

（1）代理人为律师的，应提供律师证、律师事务所介绍信、授权委托书、被代理人（案件当事人）身份证件。

（2）代理人为非律师的，应提供代理人身份证件、被代理人（案件当事人）身份证件、授权委托书、近亲属关系证明、被代理人（案件当事人）所在社区、单位以及有关社会团体出具的代理人推荐信。

法条链接

《中华人民共和国民法典》

第一千零四十九条 要求结婚的男女双方应当亲自到婚姻登记机关

申请结婚登记。符合本法规定的，予以登记，发给结婚证。完成结婚登记，即确立婚姻关系。未办理结婚登记的，应当补办登记。

91. 对方不履行离婚协议，能否申请强制执行？

案情简介

丈夫不履行离婚协议，妻子能申请法院强制执行吗？

律师说法

《中华人民共和国民事诉讼法》第二百四十三条规定，发生法律效力的民事判决、裁定，当事人必须履行。一方拒绝履行的，对方当事人可以向人民法院申请执行，也可以由审判员移送执行员执行。调解书和其他应当由人民法院执行的法律文书，当事人必须履行。一方拒绝履行的，对方当事人可以向人民法院申请执行。

离婚协议并非生效的司法文书，所以不具有强制执行的效力。如果是法院诉讼离婚的离婚判决书，对方不按照离婚判决书履行，可以申请法院强制执行。

在司法实践中，如果因离婚协议中的内容发生纠纷的，可以就该离婚协议向人民法院提起诉讼。

法条链接

《中华人民共和国民事诉讼法》

第二百四十三条 发生法律效力的民事判决、裁定，当事人必须履行。一方拒绝履行的，对方当事人可以向人民法院申请执行，也可以由审判员移送执行员执行。

调解书和其他应当由人民法院执行的法律文书，当事人必须履行。一方拒绝履行的，对方当事人可以向人民法院申请执行。

92. 婚姻关系存续期间，能否追回配偶赠与第三者的财产？

案情简介

不久前，陆女士在查看丈夫胡先生手机时发现丈夫有了婚外情，并且给第三者（于女士）多次转账。陆女士要求丈夫要回给第三者的钱款，丈夫也同意了。陆女士想知道，法律上她和丈夫能不能要回丈夫给第三者的钱款？

律师说法

陆女士和胡先生有权要回给于女士的钱款。

《中华人民共和国民法典》第一千零六十二条规定，夫妻对共同所有的财产，有平等的处理权。

胡先生给付财产的行为属于赠与行为，因该赠与行为发生在胡先生与陆女士婚姻关系存续期间，且未经陆女士本人同意，属于违背公序良俗的行为，应当认定无效，并且胡先生同意一起要回钱款，故于女士应当向陆女士和胡先生返还钱款。

夫妻双方应当忠于家庭，对夫妻共同财产的处分应当先经过对方同意。一方将夫妻共同财产无偿赠与第三人的行为，既不是为了日常生活所需，也未经过另一方的同意，第三者亦非善意第三人。该行为不仅违反法律的规定，也违背公序良俗原则，应当为法律所否定。

法条链接

《中华人民共和国民法典》

第一千零六十二条第二款 夫妻对共同财产，有平等的处理权。

93. 婚内孩子非亲生，离婚时可以要求对方支付精神损失费吗？

案情简介

张先生和于女士结婚，短暂同居后即分开，8个月后，张先生得知于女士生了一个儿子。经鉴定小孩非张先生亲生，张先生要求女方支付精神损失费，可以吗？

律师说法

可以。夫妻之间有忠诚义务，女方隐瞒有孕事实，存在重大过错，严重损害了男方的名誉，影响男方心理健康，女方应给付适当精神损失费。离婚诉讼中，无过错方的配偶是损害赔偿责任的主体，所以张先生作为无过错方，有权请求精神损害赔偿。

在现实中，一方故意隐瞒，生育与丈夫不具有亲子关系的孩子，违背道德伦理，致使丈夫处于舆论重压下，给其心理和感情造成了创伤，精神造成巨大痛苦，侵犯了其人格尊严权，其索要精神损害赔偿的要求应予以支持。

在司法实践中，法院也会从道德伦理上充分考虑人的正当情感需求，从法律上最大可能地平衡好利益关系，做到惩罚有度。

法条链接

《中华人民共和国民法典》

第一千零九十一条 有下列情形之一，导致离婚的，无过错方有权请求损害赔偿：

（一）重婚；

（二）与他人同居；

（三）实施家庭暴力；

（四）虐待、遗弃家庭成员；

（五）有其他重大过错。

《最高人民法院关于适用〈中华人民共和国民法典〉婚姻家庭编的解释（一）》

第八十七条第一款 承担民法典第一千零九十一条规定的损害赔偿责任的主体，为离婚诉讼当事人中无过错方的配偶。

94. 姓氏一定要跟随爸爸或者妈妈吗？

案情简介

孩子的姓氏一定要跟随爸爸或者妈妈吗？

律师说法

不一定。此前我国法律对此并无明文规定，但是自《中华人民共和国民法典》颁布实施后，对自然人的姓氏作了详细的规定，孩子的姓氏不一定要跟随父姓或者母姓。

人人享有姓名权，有权依法使用和变更姓名，子女既可以随父姓，也可以随母姓，还可以选取其他直系长辈血亲的姓氏、因由法定扶养人以外的人扶养而选取扶养人姓氏、少数民族自然人的姓氏可以遵从本民族的文化传统和风俗习惯。

无论孩子跟随谁姓，父母任何一方都要承担抚养未成年子女的义务。

法条链接

《中华人民共和国民法典》

第一千零一十五条 自然人应当随父姓或者母姓，但是有下列情形之一的，可以在父姓和母姓之外选取姓氏：

（一）选取其他直系长辈血亲的姓氏；

（二）因由法定扶养人以外的人扶养而选取扶养人姓氏；

（三）有不违背公序良俗的其他正当理由。

少数民族自然人的姓氏可以遵从本民族的文化传统和风俗习惯。

95. 再婚后可以给孩子改姓吗？

案情简介

吴女士和杨先生离婚2年后开始了第二次婚姻，吴女士打算把儿子的姓更改为现任丈夫的姓，前夫杨先生在一次去探望时才知道儿子改姓了，那么，杨先生能否要求恢复儿子的原姓氏呢？

律师说法

杨先生可以要求恢复儿子姓氏。夫妻离婚后，一方擅自改变子女姓氏，侵犯了对方享有的子女随其姓的权利。未成年人变更姓名，必须征得监护人同意。父母作为未成年子女的监护人，在子女姓名上享有平等的权利，任何一方变更子女姓名时，都要征得对方同意。因此，夫妻离婚后，父或母不得擅自将夫妻关系存续期间所生子女姓氏更改为继母或继父的姓氏。吴女士的做法是不合法的。

在司法实践中，孩子应当随父姓或者母姓，或是在符合法律规定的情况下选取父姓或母姓之外的姓氏。但是父亲或者母亲擅自将其姓氏改为继父母姓氏，并且引起纠纷的，应当责令恢复。因此，父母与子女间的关系，不因父母离婚而消除。离婚后，子女无论由父母哪一方直接抚养，仍是父母双方的子女。关于孩子的事情，双方应该进行沟通交流。

法条链接

《中华人民共和国民法典》

第一千零一十五条 自然人应当随父姓或者母姓，但是有下列情形之一的，可以在父姓和母姓之外选取姓氏：

（一）选取其他直系长辈血亲的姓氏；

（二）因由法定扶养人以外的人扶养而选取扶养人姓氏；

（三）有不违背公序良俗的其他正当理由。

少数民族自然人的姓氏可以遵从本民族的文化传统和风俗习惯。

《最高人民法院关于适用〈中华人民共和国民法典〉婚姻家庭编的解释（一）》

第五十九条 父母不得因子女变更姓氏而拒付子女抚养费。父或者母擅自将子女姓氏改为继母或继父姓氏而引起纠纷的，应当责令恢复原姓氏。

96. 赠与合同可以撤销吗？

案情简介

于女士和前夫离婚时，双方签订离婚协议，将夫妻共同共有房产赠与5岁的孩子，作为交换，于女士单独偿还夫妻共同债务15万元。现在房屋产权还没变更，前夫再婚后毁约，要求分割该房产。请问前夫的要求能得到法律支持吗？

律师说法

不会得到法律支持。在这份离婚协议中，双方将共同财产赠与未成年子女的约定与解除婚姻关系、子女抚养、共同财产分割、共同债务清偿、离婚损害赔偿等内容互为前提、互为结果，构成了一个整体，是“一揽子”解决方案。如果允许一方反悔，那么男女双方离婚协议的“整体性”将被破坏。在婚姻关系已经解除且不可逆的情况下，如果允许当事人对于财产部分反悔，将助长先离婚再恶意占有财产之有违诚实信用的行为，也不利于保护未成年子女的权益。所以，于女士的前夫以房屋产权未变更为由，分割该房产的要求，不会得到法律支持。

值得注意的问题是，在司法实践中，一般夫妻双方协议离婚后，就财产分割问题反悔，请求撤销财产分割协议的，人民法院应当受理。人民法院审理后，如果未发现订立财产分割协议时存在欺诈、胁迫等情形的，应当依法驳回当事人的诉讼请求。

法条链接

《中华人民共和国民法典》

第六百五十八条 赠与人在赠与财产的权利转移之前可以撤销赠与。

经过公证的赠与合同或者依法不得撤销的具有救灾、扶贫、助残等公益、道德义务性质的赠与合同，不适用前款规定。

第六百六十三条 受赠人有下列情形之一的，赠与人可以撤销赠与：

（一）严重侵害赠与人或者赠与人近亲属的合法权益；

（二）对赠与人有扶养义务而不履行；

（三）不履行赠与合同约定的义务。

赠与人的撤销权，自知道或者应当知道撤销事由之日起一年内行使。

第六百六十四条 因受赠人的违法行为致使赠与人死亡或者丧失民事行为能力的，赠与人的继承人或者法定代理人可以撤销赠与。

赠与人的继承人或者法定代理人的撤销权，自知道或者应当知道撤销事由之日起六个月内行使。

97. 夫妻之间订立的借款协议有效吗?

案情简介

赵先生结婚后想要经营一家汽车修理铺，但是选址开铺的地点周边有好几家修理铺，赵先生的妻子王女士不赞成，认为市场已经饱和。但赵先生一意孤行，于是背着王女士从家里拿钱开铺。王女士知道后，大为生气，但是前期的投资已经花出去，无奈之下，王女士提出，这笔钱的一半得算作借款，不然就离婚。赵先生答应并签订借款协议。后来，修理铺生意不景气，赵先生酗酒，王女士感到家庭生活难以维系，遂提出离婚。关于该笔借款该如何处理?

律师说法

根据相关法律法规的规定，夫妻之间订立的借款协议，以夫妻共同财产出借给一方从事经营活动，视为双方对共同财产的约定处分行为，如果在订立协议后离婚，可以按照该协议处理。

在王女士这里，因为双方约定，其中的一半属于王女士借与赵先生使用，所以离婚后，王女士可以要求赵先生返还，不属于自己对修理铺的投资。

一般而言，除法律另有规定或当事人另有约定外，婚后夫妻一方所得财产无论存于哪一方的名下账户，均属夫妻共同共有。夫妻之间钱款往来转账，仅改变其控制权，并不改变夫妻共同财产的性质，不构成借贷关系。若双方在转账时附带明确的借款意思表示，则应当尊重双方当事人的意思自治，按照双方约定的内容处理。如所借款项来源于夫妻共同财产，则该种借贷实质上是夫妻一方向另一方从夫妻共同财产中借款，除此之外与普通自然人之间的借贷并无本质不同，应当适用自然人之间借款合同的法律规定，而不能仅以转账行为发生在婚姻关系存续期

间为由否定借款行为的成立。

法条链接

《最高人民法院关于适用〈中华人民共和国民法典〉婚姻家庭编的解释（一）》

第八十二条 夫妻之间订立借款协议，以夫妻共同财产出借给一方从事个人经营活动或者用于其他个人事务的，应视为双方约定处分夫妻共同财产的行为，离婚时可以按照借款协议的约定处理。

98. 夫妻间的借款如何处理？

案情简介

赵女士和丈夫结婚后，丈夫多次向自己借钱，并出具借条，赵女士想问对于夫妻间的借款行为，自己是否受法律保护？

律师说法

在婚姻关系存续期间，除非有法定情形，一般不能分割夫妻共同财产，即便一方向另一方出具借条也往往认为是对夫妻共同财产的处分，此时区分的意义不大。

但夫妻对婚姻关系存续期间所得的财产以及婚前财产的约定，对双方具有法律约束力。在司法实践中，夫妻一方向另一方借钱并出具借条，是有法律约束力的。在离婚分割财产时，如果借款并非用于夫妻共同生活、共同生产经营，应当认定为借款一方对另一方的债务，另一方作为债权人可以要求还钱。

法条链接

《中华人民共和国民法典》

第一千零六十五条 男女双方可以约定婚姻关系存续期间所得的财

产以及婚前财产归各自所有、共同所有或者部分各自所有、部分共同所有。约定应当采用书面形式。没有约定或者约定不明确的，适用本法第一千零六十二条、第一千零六十三条的规定。

夫妻对婚姻关系存续期间所得的财产以及婚前财产的约定，对双方具有法律约束力。

夫妻对婚姻关系存续期间所得的财产约定归各自所有，夫或者妻一方对外所负的债务，相对人知道该约定的，以夫或者妻一方的个人财产清偿。

第一千零六十六条 婚姻关系存续期间，有下列情形之一的，夫妻一方可以向人民法院请求分割共同财产：

（一）一方有隐藏、转移、变卖、毁损、挥霍夫妻共同财产或者伪造夫妻共同债务等严重损害夫妻共同财产利益的行为；

（二）一方负有法定扶养义务的人患重大疾病需要医治，另一方不同意支付相关医疗费用。

99. 一方放弃继承权，是否侵害另一方合法权益？

案情简介

李女士和丈夫感情恶化，正在协议离婚，公公突然意外去世，此时丈夫放弃了继承权，公公所有财产都由婆婆继承，是否可以认定丈夫侵害自己的合法权益？

律师说法

在婚姻关系存续期间，夫妻一方作为继承人依法可以继承的父母遗产，在父母没有特别指明归自己子女所有时，属于夫妻共同财产。

但是继承权本质上是一种期待权，继承人可以在继承前放弃继承，继承开始后，继承人放弃继承的，应当在遗产处理前，作出放弃继承的意思表示。

在司法实践中，继承人在被继承人死亡后，遗产尚未分割前，只要不违反法律的规定，有权放弃继承权。这是权利人按照自己的意志自由处分权利的行为，无须征得配偶的同意。

法条链接

《中华人民共和国民法典》

第一千零六十二条 夫妻在婚姻关系存续期间所得的下列财产，为夫妻的共同财产，归夫妻共同所有：

（一）工资、奖金、劳务报酬；

（二）生产、经营、投资的收益；

（三）知识产权的收益；

（四）继承或者受赠的财产，但是本法第一千零六十三条第三项规定的除外；

（五）其他应当归共同所有的财产。

夫妻对共同财产，有平等的处理权。

100. 婆婆可以限制儿媳改嫁吗？

案情简介

许女士的婆婆立下遗嘱不允许她改嫁才能继承遗产。请问限制儿媳改嫁的遗嘱生效吗？

律师说法

该遗嘱无效。自然人享有婚姻自由和婚姻自主权，任何人不得干涉。

公婆以丧偶儿媳不得改嫁为条件，方可继承其遗产的遗嘱，由于遗嘱生效的条件是儿媳不得改嫁，限制了儿媳的婚姻自由，干涉了儿媳的

婚姻自主权，违反法律的规定，因而该遗嘱无效。

但在司法实践中，如果儿媳对公婆尽了主要赡养义务，尽管遗嘱无效，依然有权依照《中华人民共和国民法典》第一千一百二十九条的规定，通过法定继承的方式，以第一顺序继承人的身份继承公婆的遗产。这样既保护了儿媳的婚姻自由和婚姻自主权，又能够依法继承其应当继承的公婆的遗产。

所以，儿媳继承公婆的遗产不能以不得改嫁为条件，限制儿媳改嫁的遗嘱无效。

法条链接

《中华人民共和国民法典》

第一千零四十二条第一款　禁止包办、买卖婚姻和其他干涉婚姻自由的行为。禁止借婚姻索取财物。

第一千一百二十九条　丧偶儿媳对公婆，丧偶女婿对岳父母，尽了主要赡养义务的，作为第一顺序继承人。

继承篇

1. 遗嘱能不能找律师代写？

案情简介

刘先生年龄大了，身体状况不好，一直考虑立遗嘱安排自己的身后事。但是听朋友说一些遗嘱会被认定无效，也有这方面的担心。所以对于自己的房产、商铺等财产的继承分配，他想公正分配的同时规避一些遗嘱无效的风险，于是想知道能不能找律师代写遗嘱？

律师说法

遗嘱可以由律师代写，这属于《中华人民共和国民法典》中规定的代书遗嘱。值得注意的是，《中华人民共和国民法典》第一千一百三十五条规定，代书遗嘱应当有两个以上见证人在场见证，由其中一人代书，并由遗嘱人、代书人和其他见证人签名，注明年、月、日。

同时见证人必须与遗嘱继承人无利害关系，有完全民事行为能力。代笔的律师可以算作见证人，为规避遗嘱无效的风险，可以请公证人员到场见证。

刘先生可以根据以上要求进行安排。

法条链接

《中华人民共和国民法典》

第一千一百三十五条 代书遗嘱应当有两个以上见证人在场见证，由其中一人代书，并由遗嘱人、代书人和其他见证人签名，注明年、

月、日。

第一千一百四十条 下列人员不能作为遗嘱见证人：

（一）无民事行为能力人、限制民事行为能力人以及其他不具有见证能力的人；

（二）继承人、受遗赠人；

（三）与继承人、受遗赠人有利害关系的人。

2. 无人继承的遗产如何处理？

案情简介

李女士前些年照顾过自己的小姨，由于小姨没有子女，去世前便指定李女士为继承人。但是，李女士后来出国了，也没有经常陪伴小姨，觉得受之有愧，便放弃了遗产继承。那么，这种情况下小姨的遗产应如何处理呢？

律师说法

在司法实践中，对于无人继承或者唯一继承人放弃继承的遗产，首先应当用来支付为死者丧葬所必需的费用，清偿死者生前所欠下的债务，给予对死者生前尽过一定照料责任的人以适当补偿。余下的遗产，根据《中华人民共和国民法典》第一千一百六十条的规定，如果死者生前是集体所有制组织成员的，则归他生前所在的集体所有制组织所有；如果死者生前是全民所有制组织成员或城镇无业居民、个体劳动者，则归国家所有。

李女士小姨的遗产可以据此进行处理。

法条链接

《中华人民共和国民法典》

第一千一百六十条 无人继承又无人受遗赠的遗产，归国家所有，

用于公益事业；死者生前是集体所有制组织成员的，归所在集体所有制组织所有。

3. 代书遗嘱符合什么条件才有效呢？

案情简介

王先生年迈，卧床多年，很多事情不能自理，四个子女中只有大女儿常在身边照顾，其他几个子女偶尔看望也是奔着他的钱去的，这让他很失望。王先生想在自己还有意识的情况下找人代写遗嘱并把大部分财产留给大女儿，但有个疑问，代书遗嘱符合什么条件才有效呢？

律师说法

合法有效的代书遗嘱应具备的条件有：1. 符合遗嘱的一般要求；2. 应当有两个以上见证人在场见证，且与继承人无利害关系；3. 见证人中的一人代书，并注明年、月、日；4. 代书人、其他见证人、遗嘱人签名。

王先生可以按照以上要求准备代书遗嘱，即可视为有效。

法条链接

《中华人民共和国民法典》

第一千一百三十五条 代书遗嘱应当有两个以上见证人在场见证，由其中一人代书，并由遗嘱人、代书人和其他见证人签名，注明年、月、日。

第一千一百四十条 下列人员不能作为遗嘱见证人：

（一）无民事行为能力人、限制民事行为能力人以及其他不具有见证能力的人；

（二）继承人、受遗赠人；

（三）与继承人、受遗赠人有利害关系的人。

4. 以赠与房产的方式换取养老该怎么办？

案情简介

邱先生今年80多岁，自己的儿孙虽多，但都忙于工作，有各自的生活，为了不给儿孙添加额外的负担，他想把自己的一套房屋赠给别人，条件是这个人要陪伴、赡养自己直到去世的那一天。邱先生该怎么做呢？

律师说法

《中华人民共和国民法典》第一千一百五十八条规定，自然人可以与继承人以外的组织或者个人签订遗赠扶养协议。按照协议，该组织或者个人承担该自然人生养死葬的义务，享有受遗赠的权利。

遗赠扶养协议应当采用书面形式，其效力优先于遗嘱继承和法定继承。《中华人民共和国民法典》第一千一百二十三条规定，继承开始后，按照法定继承办理；有遗嘱的，按照遗嘱继承或者遗赠办理；有遗赠扶养协议的，按照协议办理。在签订遗赠扶养协议后，该房屋就不能被当作遗产由自己的儿孙继承。

目前，我国有专业的扶养机构，为了督促扶养人认真履行义务，最好委托专人监督，如委托律所。

法条链接

《中华人民共和国民法典》

第一千一百二十三条 继承开始后，按照法定继承办理；有遗嘱的，按照遗嘱继承或者遗赠办理；有遗赠扶养协议的，按照协议办理。

第一千一百五十八条 自然人可以与继承人以外的组织或者个人签订遗赠扶养协议。按照协议，该组织或者个人承担该自然人生养死葬的义务，享有受遗赠的权利。

5. 丈夫婚后继承父母的房产，是夫妻共同财产吗？

案情简介

张女士的丈夫是独生子，1 个月前张女士的公婆不幸意外去世，老两口名下的两套房产由丈夫继承。张女士想知道丈夫继承所得的房产是夫妻共同财产吗？

律师说法

继承分为法定继承和遗嘱继承两种方式，继承所得财产是否为夫妻共同财产，依据不同继承方式而有所不同。夫妻在婚姻关系存续期间继承或赠与所得的财产，归夫妻共同所有，但遗嘱或赠与合同中确定只归夫或妻一方的财产除外。

所以，如果被继承人生前立有遗嘱，明确房产由儿子一个人继承，则该房产为张女士丈夫个人所有。反之，则为夫妻共同财产。

法条链接

《中华人民共和国民法典》

第一千零六十二条 夫妻在婚姻关系存续期间所得的下列财产，为夫妻的共同财产，归夫妻共同所有：

（一）工资、奖金、劳务报酬；

（二）生产、经营、投资的收益；

（三）知识产权的收益；

（四）继承或者受赠的财产，但是本法第一千零六十三条第三项规定的除外；

（五）其他应当归共同所有的财产。

夫妻对共同财产，有平等的处理权。

第一千零六十三条 下列财产为夫妻一方的个人财产：

（一）一方的婚前财产；

（二）一方因受到人身损害获得的赔偿或者补偿；

（三）遗嘱或者赠与合同中确定只归一方的财产；

（四）一方专用的生活用品；

（五）其他应当归一方的财产。

6. 丧偶儿媳能继承公婆的遗产吗？

案情简介

滑女士的丈夫邱先生因病去世，留下滑女士和婆婆。滑女士没有再婚，而是留下来照顾婆婆，婆媳二人相依为命。5年后，婆婆去世，留下2套房产等待继承，这时婆婆的其他子女也来分割遗产，而且不愿意给滑女士继承份额。他们认为邱先生已经去世，婚姻关系消失，滑女士没有继承权。滑女士该怎么办？

律师说法

我国法律规定，丧偶儿媳对公婆尽了主要赡养义务的，可以作为第一顺序继承人继承遗产。滑女士在丈夫去世后，一直尽心尽力照顾婆婆，尽到了赡养义务，该做法符合法律的规定，滑女士有权利继承遗产。

在司法实践中，不少继承纠纷的当事人是丧偶儿媳、丧偶女婿，他们大多对被继承人尽了主要赡养义务，但其继承权却遭到被继承人亲生儿女的质疑。丧偶儿媳、丧偶女婿对被继承人的赡养行为体现了中国“百善孝为先”的传统价值观，彰显了传统美德，有利于树立良好的家风和社会风气，法律的天平也自然会向他们倾斜。

法条链接

《中华人民共和国民法典》

第一千一百二十九条 丧偶儿媳对公婆，丧偶女婿对岳父母，尽了主要赡养义务的，作为第一顺序继承人。

7. 胎儿有继承权吗？

案情简介

周女士的丈夫老王因交通事故去世，但在丈夫遗产分割过程中，大家针对自己肚子里的胎儿能否分得遗产产生了争执。周女士想知道，自己的丈夫去世，未出生的孩子对父亲的遗产有继承权吗？

律师说法

我国虽不承认胎儿的主体地位，但在继承方面对胎儿有特别的保护，《中华人民共和国民法典》第十六条规定，涉及遗产继承、接受赠与等胎儿利益保护的，胎儿视为具有民事权利能力。但是，胎儿娩出时为死体的，其民事权利能力自始不存在。因此，在遗产分割时，应当保留胎儿的继承份额。

如果没有保留的，将从继承人所继承的遗产中扣回。当然如果胎儿分娩出时是死体的，被扣留的部分将重新由被继承人的继承人继承，而不是胎儿的继承人。

周女士可以以上述规定为准进行判断。

法条链接

《中华人民共和国民法典》

第十六条 涉及遗产继承、接受赠与等胎儿利益保护的，胎儿视为具有民事权利能力。但是，胎儿娩出时为死体的，其民事权利能力自始不存在。

第一千一百五十五条 遗产分割时，应当保留胎儿的继承份额。胎儿娩出时是死体的，保留的份额按照法定继承办理。

《最高人民法院关于适用〈中华人民共和国民法典〉继承编的解释（一）》

第三十一条 应当为胎儿保留的遗产份额没有保留的，应从继承人所继承的遗产中扣回。

为胎儿保留的遗产份额，如胎儿出生后死亡的，由其继承人继承；如胎儿娩出时是死体的，由被继承人的继承人继承。

8. 赡养人应该怎么支付赡养费？

案情简介

李女士和前夫有一个儿子，但母子感情不好。李女士再婚后和儿子签了一份协议，约定其生活费及自己百年之后所有费用儿子概不负责，自协议签署当日起双方脱离关系，村委会也在上面盖了章。20年来，母子之间没有任何往来。现在李女士年老，失去了劳动能力且没有经济来源，又体弱多病，她想知道自己还能要求儿子支付赡养费吗？

律师说法

《中华人民共和国民法典》第一千零六十七条第二款规定，成年子女不履行赡养义务的，缺乏劳动能力或者生活困难的父母，有要求成年子女给付赡养费的权利。

赡养父母是中华民族的传统美德，也是成年子女需要承担的法定义务，当子女不履行赡养义务时，无劳动能力的或生活困难的父母，有要

求子女给付赡养费的权利。

现在李女士已经年迈，失去劳动能力且没有经济来源，又体弱多病，李女士的儿子应当依法履行赡养义务。

在司法实践中，不乏子女以与父母已断绝亲子关系为由拒绝履行赡养义务的情况。但是父母子女之间的血缘关系依照法律规定和公序良俗的人伦道德理念，不可能被解除。所谓的脱离亲子关系的协议，不符合公序良俗，没有法律依据，子女也不可能据此主张免除赡养义务。

法条链接

《中华人民共和国民法典》

第一千零六十七条第二款 成年子女不履行赡养义务的，缺乏劳动能力或者生活困难的父母，有要求成年子女给付赡养费的权利。

9. 什么情况下会丧失继承权？

案情简介

张先生的母亲离家出走，和别人同居16年未归。父亲去世后，母亲以和父亲没有办理离婚手续为由，回来要求继承父亲的婚前房产。张先生想问，母亲的要求合理吗？

律师说法

母亲的要求显然不合理。夫妻之间的相互扶养照顾，不仅是道德问题，更是双方的法定义务。本案中，张先生的母亲离家出走16年之久，存在遗弃配偶与儿子的情形，未尽到作为妻子和母亲的责任，属于《中华人民共和国民法典》第一千一百二十五条规定的丧失继承权的情形。所以，尽管张先生的母亲有结婚证，是法定继承人，但她离家出走16年，属于未履行相应的义务、遗弃被继承人的行为，也就丧失了继承权，无权继承张先生父亲的婚前房产。

同时，在实践中需要注意，对遗弃被继承人的，不管情节是否严重，都应当剥夺其继承权，但继承人如确有悔改表现且被遗弃人在生前表示宽恕的，可以不剥夺其继承权。

法条链接

《中华人民共和国民法典》

第一千一百二十五条 继承人有下列行为之一的，丧失继承权：

（一）故意杀害被继承人；

（二）为争夺遗产而杀害其他继承人；

（三）遗弃被继承人，或者虐待被继承人情节严重；

（四）伪造、篡改、隐匿或者销毁遗嘱，情节严重；

（五）以欺诈、胁迫手段迫使或者妨碍被继承人设立、变更或者撤回遗嘱，情节严重。

继承人有前款第三项至第五项行为，确有悔改表现，被继承人表示宽恕或者事后在遗嘱中将其列为继承人的，该继承人不丧失继承权。

受遗赠人有本条第一款规定行为的，丧失受遗赠权。

10. 丈夫和前妻生的孩子可以分遗产吗？

案情简介

赵女士和丈夫是再婚，婚后两人共同出资，购买了一处房产，登记在丈夫名下。后来丈夫去世，其和前妻所生的儿子拿着遗嘱，要求继承这处房产。赵女士想知道这份遗嘱有效吗？

律师说法

因该处房产为赵女士和丈夫共同出资购买，虽登记在丈夫一人名下，但仍属于二人的夫妻共同财产，在双方没有约定的情况下，房产的一半份额应属于赵女士所有，并非丈夫的遗产，丈夫无权处分。所以，丈夫遗嘱的这部分，应认定为无效。丈夫和前妻所生的儿子只能根据遗嘱继承房产的一半份额。

依据《中华人民共和国民法典》第一千一百二十七条的规定，夫妻在婚姻关系存续期间所得的共同所有的财产，除了有约定的以外，如果分割遗产，应当先将共同所有的财产的一半分出为配偶所有，其余的为被继承人的遗产。

在家庭关系当中，解除婚姻关系并不会改变亲子关系，丈夫和前妻的孩子依然享有对丈夫财产的继承权，并且是作为第一顺位的继承人。同时丈夫也有权利自由地处分个人财产。

法条链接

《中华人民共和国民法典》

第一千一百二十七条　遗产按照下列顺序继承：

（一）第一顺序：配偶、子女、父母；

（二）第二顺序：兄弟姐妹、祖父母、外祖父母。

继承开始后，由第一顺序继承人继承，第二顺序继承人不继承；没有第一顺序继承人继承的，由第二顺序继承人继承。

本编所称子女，包括婚生子女、非婚生子女、养子女和有扶养关系的继子女。

本编所称父母，包括生父母、养父母和有扶养关系的继父母。

本编所称兄弟姐妹，包括同父母的兄弟姐妹、同父异母或者同母异父的兄弟姐妹、养兄弟姐妹、有扶养关系的继兄弟姐妹。

11. 丈夫突然死亡，二审法院终止离婚，妻子还有权继承丈夫的遗产吗？

案情简介

王女士与丈夫诉讼离婚，一审判决准许二人离婚，但王女士因财产分割异议提出上诉。二审期间，丈夫遭遇车祸身亡，二审法院作出终止离婚诉讼的决定。王女士想问，自己还有权继承丈夫的遗产吗？

律师说法

夫妻双方之间有互相继承遗产的权利，而且互为第一顺位继承人。根据《中华人民共和国民法典》第一千一百二十七条的规定，配偶是遗产继承第一顺位继承人。

本案中，王女士与丈夫的夫妻关系何时解除是确定王女士是否有继承权的关键。我国民事诉讼实行两审终审制。当一方当事人上诉后，案件进入二审程序时，一审判决并不发生法律效力。王女士的丈夫是在二审期间发生事故身亡的，其一审判决并未生效，也就是说，王女士与丈夫的婚姻关系还未解除。二人婚姻关系的消灭是因为丈夫的意外身亡导致的，故王女士有权利继承丈夫的遗产。

本案在实践中具有一定的典型性和很强的现实参考意义，本案中的情形同时符合《中华人民共和国民事诉讼法》中关于终结诉讼的相关规定，因为一方已经死亡，无法再进行任何实际意义的诉讼，即财产分割已经无法继续，此时一审判决的夫妻可以离婚的判决并未生效，因此二人的婚姻关系并未实际解除。

法条链接

《中华人民共和国民法典》

第一千零八十七条 离婚时，夫妻的共同财产由双方协议处理；协议不成的，由人民法院根据财产的具体情况，按照照顾子女、女方和无过错方权益的原则判决。

对夫或者妻在家庭土地承包经营中享有的权益等，应当依法予以保护。

第一千一百二十七条第一款、第二款 遗产按照下列顺序继承：

（一）第一顺序：配偶、子女、父母；

（二）第二顺序：兄弟姐妹、祖父母、外祖父母。

继承开始后，由第一顺序继承人继承，第二顺序继承人不继承；没有第一顺序继承人继承的，由第二顺序继承人继承。

12. 父亲先于爷爷死亡，儿子有继承权吗？

案情简介

赵先生的爷爷曾经立下遗嘱：他只有赵先生的父亲一个孩子。等去世后，他的房子都由赵先生的父亲继承。可是后来父亲先于爷爷意外去世，现在爷爷也去世了，赵先生想代替父亲继承爷爷的全部房产，可以吗？

律师说法

代位继承只适用于法定继承，不适用于遗嘱继承。如果遗嘱继承人为被继承人的子女并且先于遗嘱人死亡，则该遗嘱继承人的晚辈直系血亲不能代位继承该遗嘱继承人依遗嘱应继承的遗产；但遗嘱中指定该继承人继承的遗产应按法定继承处理，在法定继承中该继承人的晚辈直系血亲可代位继承。

也就是说，赵先生不能代替父亲继承爷爷遗嘱中的全部房产，这些房产应按法定继承处理。在法定继承中，赵先生可以代位继承属于父亲法定继承的那部分房产。

在实践中，代位继承还需要注意以下几点：

1. 被代位继承人必须是被继承人的子女。在我国，也包括被继承人的非婚生子女、养子女和有抚养关系的继子女在内。而被继承人的配偶、父母、兄弟姐妹都不适用于该范围。代位继承人必须是被继承人子女的直系晚辈血亲，并且不受辈分限制。

2. 代位继承人只能继承被代位人应得的遗产份额。

3. 被代位继承人必须具有继承权。

4. 代位继承只适用于法定继承，是对法定继承的补充。遗嘱继承不适用代位继承。遗嘱继承人先于遗嘱人死亡的，遗嘱所指定给予该遗嘱继承人的遗产，按法定继承办理。

法条链接

《中华人民共和国民法典》

第一千一百二十八条 被继承人的子女先于被继承人死亡的，由被继承人的子女的直系晚辈血亲代位继承。

被继承人的兄弟姐妹先于被继承人死亡的，由被继承人的兄弟姐妹的子女代位继承。

代位继承人一般只能继承被代位继承人有权继承的遗产份额。

13. 继承权的放弃可以撤销吗？

案情简介

李先生的朋友张某曾经向他借钱 10 万元，但张某一直说没钱，至今也没还清。最近张某的父亲去世，留下一套楼房。但张某却表示放弃继承遗产，楼房归弟弟一人所有。李先生想知道能否要求撤销张某放弃

继承的行为，返还他的借款？

律师说法

李先生可以请求法院撤销张某放弃遗产的行为，要求张某的弟弟返还张某应继承的遗产份额。

《最高人民法院关于适用〈中华人民共和国民法典〉继承编的解释（一）》第三十二条规定，继承人因放弃继承权，致其不能履行法定义务的，放弃继承权的行为无效。由此可知，虽然放弃继承是继承人的一项法定权利，但继承人行使这项权利不能导致其不能履行法定义务，否则放弃行为无效。由于张某放弃继承的行为致使李先生的债权无法实现，侵害了李先生的合法权益，所以，李先生可以主张其合法权益。

此外，为保护债权人的利益，《中华人民共和国民法典》第五百三十八条、第五百三十九条还规定了债权人撤销权等权利，是指因债务人放弃对第三人的债权，实施无偿或低价处分财产的行为而有害于债权人的债权，债权人可以依法请求法院撤销债务人实施的行为。撤销权制度的起源最早可以追溯到古罗马时代，属于合同保全制度，是保障合同债务履行、保护债权人利益的重要法律制度。

而在实践中，当事人需要注意，该撤销权应自债权人知道或应当知道撤销事由之日起 1 年内行使。自债务人的行为发生之日起 5 年内没有行使撤销权的，该撤销权消灭。

法条链接

《中华人民共和国民法典》

第一千一百二十四条第一款 继承开始后，继承人放弃继承的，应当在遗产处理前，以书面形式作出放弃继承的表示；没有表示的，视为接受继承。

《最高人民法院关于适用〈中华人民共和国民法典〉继承编的解释（一）》

第三十二条 继承人因放弃继承权，致其不能履行法定义务的，放弃继承权的行为无效。

14. 口头遗嘱的效力如何？

案情简介

杨先生的母亲心梗去世前病危之际，口头表示将自己名下的房产留给杨先生，当时哥哥、姐姐还有两个医生在场。母亲去世后，哥哥、姐姐却说口头遗嘱无效，要求分得母亲的房产。杨先生想问，母亲的口头遗嘱有效吗？

律师说法

母亲的口头遗嘱是有效的。《中华人民共和国民法典》第一千一百三十八条规定，遗嘱人在危急情况下，可以立口头遗嘱。口头遗嘱应当有两个以上见证人在场见证。无民事行为能力人、限制民事行为能力人、继承人、受遗赠人、与继承人或受遗赠人有利害关系的人不能成为遗嘱见证人。因为杨先生母亲即将去世属于危急情况，而且有两个医生在场见证，如果可以得到医生的证言，法院就可以认定遗嘱有效。

在实践中，口头订立遗嘱的形式由于具有易篡改和伪造，以及在遗嘱人死后无法查证等缺点，因此对于口头遗嘱的订立条件要求较为严格，一般包括以下条件：

1. 必须是在危急情况下。所谓危急情况是指遗嘱人因疾病或战争随时都有生命危险，无法以其他形式立遗嘱的情形，并且在危急情况解除后，遗嘱人能够以书面或者录音录像形式立遗嘱的，所立的口头遗嘱便归于无效。

2. 口头遗嘱应当有两个以上见证人在场见证。该见证人需为完全民事行为能力人，且并非继承人和受遗赠人，同时与继承人、受遗赠人无利害关系。

3. 订立口头遗嘱的被继承人需为完全民事行为能力人，且订立口头遗嘱为真实意思表示，不存在受欺诈、胁迫等情形。

法条链接

《中华人民共和国民法典》

第一千一百三十八条 遗嘱人在危急情况下，可以立口头遗嘱。口头遗嘱应当有两个以上见证人在场见证。危急情况消除后，遗嘱人能够以书面或者录音录像形式立遗嘱的，所立的口头遗嘱无效。

15. 法定继承人继承房产需要交税吗?

案情简介

张先生父亲前段时间去世，留下了一套房子，张先生想知道如果继承这套房子自己需要交税吗，该怎么办理房产过户呢?

律师说法

2017 年 8 月 21 日，财政部官网公布的《财政部关于政协十二届全国委员会第五次会议第 0107 号（财税金融类 018 号）提案答复的函》中指出：我国目前并未开征遗产税，也从未发布遗产税相关条例或条例草案。

也就是说目前我国没有遗产税的相关规定，相关法律也只规定非法定继承人，即配偶、子女、父母、兄弟姐妹、祖父母、外祖父母之外的人接受在房产赠与时，应缴纳 3%~5% 的契税。继承房屋需要缴纳的税费是最基本的印花税以及工本费，继承动产无须缴纳额外的税费。而且，自 2021 年 9 月 1 日起施行的《中华人民共和国契税法》第六条规定，法定继承人通过继承承受土地、房屋权属的免征契税。

但是继承本身可能会涉及一些其他的费用，如继承公证的费用、进行房地产价值评估的费用等，本身继承房屋过户的费用由房屋评估价0.05%的合同印花税、100元的登记费、5元的权证印花税组成。

同时我国法律规定，因继承取得物权的，自继承开始时发生效力，也就是说房产的所有权从继承开始的时候就可以取得，可以不进行登记。但继承人如果想要处分该不动产，则必须先进行登记，将不动产过户到自己名下后，才能自由地进行买卖、租赁等处分行为。

法条链接

《中华人民共和国民法典》

第二百三十条 因继承取得物权的，自继承开始时发生效力。

第二百三十二条 处分依照本节规定享有的不动产物权，依照法律规定需要办理登记的，未经登记，不发生物权效力。

第一千一百二十三条 继承开始后，按照法定继承办理；有遗嘱的，按照遗嘱继承或者遗赠办理；有遗赠扶养协议的，按照协议办理。

16. 出嫁的女儿还有继承权吗？

案情简介

李女士的爷爷奶奶有六个女儿和一个儿子，六个女儿都已出嫁并成家，家有一间平房，奶奶是户主，两位老人一直和儿子一起过，由儿子和儿媳妇照顾。女儿只是节假日来看望老人。该平房于2004年翻建，是儿子出的钱。爷爷于前1年去世，并且没有立遗嘱，现房子有可能拆迁，六个女儿要分家产，这样做是否合理，她们能分走多少份额？

律师说法

虽然儿子出资对房屋进行了翻建，但如果房屋是登记在爷爷奶奶名下的，则属于爷爷奶奶的夫妻共同财产；爷爷去世，如果没有遗嘱，应

当按法定继承处理。房屋的一半属于爷爷的遗产，由法定继承人（奶奶及七个子女）共同继承；

根据继承法律规定，同一顺序继承人继承遗产的份额，一般应当均等。所谓“一般情况”是指同一顺序的各个法定继承人，彼此在生活状况、劳动能力及对被继承人所尽扶养义务等方面，情况基本相同。

而作为对被继承人尽了主要扶养义务或者与被继承人共同生活的继承人，也就是儿子，在分配遗产时，可以多分。

另外，作为儿子如果可以证明当初翻建的出资是出借给父母的，也可以主张返还该笔款项。

法条链接

《中华人民共和国民法典》

第一千一百二十六条 继承权男女平等。

第一千一百二十七条 遗产按照下列顺序继承：

（一）第一顺序：配偶、子女、父母；

（二）第二顺序：兄弟姐妹、祖父母、外祖父母。

继承开始后，由第一顺序继承人继承，第二顺序继承人不继承；没有第一顺序继承人继承的，由第二顺序继承人继承。

本编所称子女，包括婚生子女、非婚生子女、养子女和有扶养关系的继子女。

本编所称父母，包括生父母、养父母和有扶养关系的继父母。

本编所称兄弟姐妹，包括同父母的兄弟姐妹、同父异母或者同母异父的兄弟姐妹、养兄弟姐妹、有扶养关系的继兄弟姐妹。

第一千一百三十条 同一顺序继承人继承遗产的份额，一般应当均等。

对生活有特殊困难又缺乏劳动能力的继承人，分配遗产时，应当予以照顾。

对被继承人尽了主要扶养义务或者与被继承人共同生活的继承人，分配遗产时，可以多分。

有扶养能力和有扶养条件的继承人，不尽扶养义务的，分配遗产时，应当不分或者少分。

继承人协商同意的，也可以不均等。

17. 公租房可以作为遗产继承吗？

案情简介

张先生家在北京，和父亲共同居住在父亲承租的单位公有住房中。去年父亲去世了，张先生继续居住在以父亲名义承租的公有住房中并以父亲的名义继续交纳房租等费用。请问张先生是否可以要求继承父亲的公有住房承租权呢？

律师说法

张先生不可以要求继承父亲的公有住房承租权。《北京市高级人民法院关于审理继承纠纷案件若干疑难问题的解答》第五条规定，当事人请求继承被继承人生前的公房承租权，人民法院应告知当事人向公房所有权所在的行政机关或单位申请办理公房承租人变更手续，当事人坚持继承请求的，人民法院裁定驳回起诉。因此，张先生无法直接继承公租房。

公租房作为特殊时期的产物，在没有经过产权变更的情况下，其并不属于个人私有财产，承租人只享有居住的权利，而不能通过遗产继承的形式转让给子女，作为子女如想继续居住，需与拥有所有权的单位或行政机关另行签订租赁合同。

法条链接

《中华人民共和国民法典》

第一百二十四条 自然人依法享有继承权。

自然人合法的私有财产，可以依法继承。

18. 保险金能否用于清偿债务？

案情简介

张女士的丈夫意外去世，拿到了一笔人身意外保险金，丈夫生前还遗留一笔债务，她想知道这笔人身意外保险金应由谁继承，继承后是不是要清偿债权呢？

律师说法

当人身意外保险没有指定受益人，或者受益人先于被保险人（被继承人）死亡，受益人丧失受益权，受益人放弃受益权的，人身意外保险金应当作为被保险人（被继承人）的遗产，所有继承人在继承保险金后，应当在继承遗产范围内清偿被继承人生前的债务。

当人身意外保险指定了受益人的，如指定被继承人的妻子作为受益人，则该笔保险金不属于遗产范围，被保险人（被继承人）的债权人不得要求被继承人的配偶在保险金范围内清偿债务。

在实践中，还需要注意区分人身保险与财产保险的不同，财产保险不存在指定受益人的问题，因此财产保险金属于被保险人的遗产，应按照遗产继承的相关规定处理。

此外，在生活中，意外去世还有可能涉及抚恤金的处理，抚恤金是国家机关、企事业单位等对死者家属发放的费用，因此属于死者家属的共同财产，不属于遗产。但是亲属需对其进行分配的可以参照遗产的分配方式。

法条链接

《最高人民法院关于人身保险金能否作为被保险人的遗产进行赔偿问题的批复》

（一）根据我国保险法规有关条文规定的精神，人身保险金能否列入被保险人的遗产，取决于被保险人是否指定了受益人。指定了受益人的，被保险人死亡后，其人身保险金应付给受益人；未指定受益人的，被保险人死亡后，其人身保险金应作为其遗产处理，可以用来清偿债务或赔偿。

19. 继子女可以继承继父母的遗产吗？

案情简介

朱先生父亲去世后，留下一套房产。朱先生继母的儿子没有与朱先生父亲在一起生活过，也没有尽扶养义务，现在却提出要继承。请问，他的说法有没有法律依据呢？

律师说法

该说法没有法律依据。继子女是指妻与前夫或者夫与前妻所生的子女。继子女与继父母间的关系是一种拟制血亲关系，是因其父或母的再婚形成的。

依照《中华人民共和国民法典》第一千一百二十七条的规定，只有与被继承人有扶养关系的继子女才为法定继承人；与被继承人之间没有扶养关系的继子女，不属于法定继承人，而仅为直系姻亲的继父母子女间没有法定的权利义务关系。

认定形成扶养关系应从经济供养、抚养时间、扶助情况、居住情况、丧葬事宜方面综合考虑，严格认定。

对此，可以从以下两个方面来综合考量：

第一，形成扶养教育关系的前提是继子女未成年。因为只有未成年人才需要被抚养教育，而在现实生活中，也存在一些继子女已经成年，继父母仍然对其学业、工作予以照料的情况，但在法律上，孩子成年后，亲生父母对其没有抚养的法定义务，正因如此，在继子女已经成年后，

要认定继父母与其形成抚养关系通常会比较困难。

第二，形成抚养关系需要继子女与父母之间有共同生活的事实，并且需要抚养事实持续足够的时间。抚养教育不仅是单纯地支付抚养费，还需要切实对继子女的学习生活有一定的教育和保护，让孩子能健康地成长。对于现实生活中存在的一些因特殊情况双方无法共同生活的情形，如继子女在外地或国外读书、继父母在外地务工等情形，则要考虑其对于继子女抚养费的支付是否是一种长期稳定的支付，与赠与行为作出区分。此外这种抚养需达到一定的年限，仅仅一两年的抚养对于抚养关系的认定来讲可能会有一定的难度。

从朱先生所说的情况来看，他后妈的儿子与他父亲没有在一起生活过，未尽过扶养义务，与他父亲之间并未形成抚养关系，不属于法定继承人，无法定继承权。

法条链接

《中华人民共和国民法典》

第一千一百二十七条 遗产按照下列顺序继承：

（一）第一顺序：配偶、子女、父母；

（二）第二顺序：兄弟姐妹、祖父母、外祖父母。

继承开始后，由第一顺序继承人继承，第二顺序继承人不继承；没有第一顺序继承人继承的，由第二顺序继承人继承。

本编所称子女，包括婚生子女、非婚生子女、养子女和有扶养关系的继子女。

本编所称父母，包括生父母、养父母和有扶养关系的继父母。

本编所称兄弟姐妹，包括同父母的兄弟姐妹、同父异母或者同母异父的兄弟姐妹、养兄弟姐妹、有扶养关系的继兄弟姐妹。

第一千一百三十条 同一顺序继承人继承遗产的份额，一般应当均等。

对生活有特殊困难又缺乏劳动能力的继承人，分配遗产时，应当予以照顾。

对被继承人尽了主要扶养义务或者与被继承人共同生活的继承人，

分配遗产时，可以多分。

有扶养能力和有扶养条件的继承人，不尽扶养义务的，分配遗产时，应当不分或者少分。

继承人协商同意的，也可以不均等。

20. 约定继承权有效吗？

案情简介

小李的爷爷多年前去世，留下一套房子。爷爷共有三个儿子，关于房子的继承问题三兄弟进行了约定：房子由老三继承，但是该房屋继承后不能出售。现在房产证也在老三的名下，如果以后拆迁，补偿款还和其他两个兄弟有关系吗？

律师说法

拆迁补偿款应当归老三所有。

爷爷过世后留下房子，三兄弟约定房子归老三继承，又约定房屋不能出售，而我国法律并没有关于附条件放弃继承的相关规定，但这种情况可以认为是在接受继承后，对继承财产的份额进行的处分行为，可参考附条件赠与的有关规定。当被赠与人，即老三违反合同所附义务出售房屋时，老大和老二可以撤销赠与，要求返还相应的房产份额。

但本案是遇到拆迁，并不属于违反赠与合同所附义务的情形，因此该房屋还是属于老三所有，基于此，拆迁补偿款也应属于老三所有。

在实践中，关于赠与所附的条件，应当符合国家法律法规的规定。

法条链接

《中华人民共和国民法典》

第二百零九条第一款 不动产物权的设立、变更、转让和消灭，经依法登记，发生效力；未经登记，不发生效力，但是法律另有规定的除外。

第六百六十一条 赠与可以附义务。

赠与附义务的，受赠人应当按照约定履行义务。

第一千一百三十二条 继承人应当本着互谅互让、和睦团结的精神，协商处理继承问题。遗产分割的时间、办法和份额，由继承人协商确定；协商不成的，可以由人民调解委员会调解或者向人民法院提起诉讼。

21. 限制老婆改嫁的遗嘱生效吗？

案情简介

张先生重病，他想立下一份遗嘱，死后财产归妻子，但是如果妻子改嫁，财产则归侄儿。张先生想知道，这样的遗嘱有效吗？

律师说法

妻子改嫁就不能继承丈夫遗产的遗嘱无效。

虽然法律规定，继承人不履行遗嘱所附义务的，可以取消其接受遗产的权利，但是此处所附的义务应当合法。婚姻自由是宪法规定的公民基本权利。丈夫去世后，妻子是否再婚，应当完全由其本人自行决定。张先生的遗嘱给妻子设立不改嫁的前提，是对妻子婚姻自由的限制，违反了《中华人民共和国宪法》和《中华人民共和国民法典》中的婚姻自由的规定。因此，丈夫遗嘱中关于妻子改嫁就无权继承自己遗产的遗嘱内容是无效的。

在实践中，遗嘱作为对自己身后之事的处分，法律予以支持并保护，

但遗嘱的内容也需要被界定在法律允许的范围内，当出现下列情形时，遗嘱会部分或全部无效：

1. 在订立遗嘱时，遗嘱人不是完全民事行为能力人。当为无民事行为能力人或是限制民事行为能力人时，通过订立遗嘱来处分财产的行为会受到限制，但基于现实情况的考虑，法律只要求在订立遗嘱的时点，遗嘱人具有完全民事行为能力，若在此之后丧失行为能力，对遗嘱效力则不产生影响。

2. 受欺诈或胁迫所订立。欺诈往往让人陷入对财产的错误处分之中，而胁迫往往让人作出不真实的意思表示，因此法律规定，在欺诈或胁迫下订立的遗嘱无效。

3. 伪造的遗嘱无效，遗嘱被篡改的，被篡改的部分无效。遗嘱作为对个人财产进行处分的意思表示，在尊重个人意愿的前提下，必须绝对真实，如有伪造或篡改的部分，则无效。

4. 违反法律规定，损害社会公共利益。以本案而言，遗嘱内容限制了婚姻自由，因而无效；当遗嘱内容违反法律规定，或有害公序良俗，侵害社会公共利益时，该内容无效。

5. 剥夺了缺乏劳动能力又没有生活来源的继承人份额的，该部分内容无效。

6. 处分国家、集体或他人所有财产的，该部分内容无效。

遗嘱的效力基础是遗嘱人对个人财产的合法处分，因此在处分他人财产，甚至是国家、集体财产时，这部分内容无效。

法条链接

《中华人民共和国民法典》

第一千零四十一条 婚姻家庭受国家保护。

实行婚姻自由、一夫一妻、男女平等的婚姻制度。

保护妇女、未成年人、老年人、残疾人的合法权益。

22. 孙女可以继承爷爷的房产吗?

案情简介

宋女士父亲去世后留下一处房产，母亲已经不在世，她只有一个哥哥，哥哥在父亲去世前就去世了，但有一个女儿。宋女士想知道自己的侄女有权利继承父亲的房产吗?

律师说法

如果父亲留下了合法的遗嘱，那么遗产要按照遗嘱继承。如果没有遗嘱，则按照法定继承处理。此时，侄女是有继承权的，可以代位继承其父亲应当继承的财产份额。

此外，在处理代位继承时需要注意，代位继承人只能是被代位继承人的直系血亲，且不受辈分限制，但兄弟姐妹等旁系血亲之间不发生代位继承，也就是说只能由子女的子女进行代位。

另外，代位继承只发生在法定继承的情况下，是对法定继承的补充。遗嘱继承不适用代位继承。遗嘱继承人先于遗嘱人死亡的，遗嘱所指定给予该遗嘱继承人的遗产，按法定继承办理。

法条链接

《中华人民共和国民法典》

第一千一百二十八条 被继承人的子女先于被继承人死亡的，由被继承人的子女的直系晚辈血亲代位继承。

被继承人的兄弟姐妹先于被继承人死亡的，由被继承人的兄弟姐妹的子女代位继承。

代位继承人一般只能继承被代位继承人有权继承的遗产份额。

23. 非婚生子可以要求继承分配吗？

案情简介

李某发现自己不是父亲的亲生儿子，是母亲与他人所生，而生父在5年前就已经过世了。生父名下有多套房子，但因为是5年前过世，其他人也不知道李某的存在，所以，遗产分配没有他的份。那么，李某还能要求继承分配吗？

律师说法

如生父并未订立遗嘱，李某作为生父的亲生儿子享有继承权。

因本案不存在丧失继承权的情形。继承权纠纷提起诉讼的期限为3年，自继承人知道或者应当知道其权利被侵犯之日起计算。但是，自继承开始之日起超过20年的，不得再提起诉讼。该继承纠纷的起诉时效并未到期，所以可以到法院起诉维权。

此外，对于遗产的分配，由于李某并未对生父尽赡养义务，故在分配遗产时可能会少分。

法条链接

《中华人民共和国民法典》

第一千一百二十五条 继承人有下列行为之一的，丧失继承权：

（一）故意杀害被继承人；

（二）为争夺遗产而杀害其他继承人；

（三）遗弃被继承人，或者虐待被继承人情节严重；

（四）伪造、篡改、隐匿或者销毁遗嘱，情节严重；

（五）以欺诈、胁迫手段迫使或者妨碍被继承人设立、变更或者撤回遗嘱，情节严重。

继承人有前款第三项至第五项行为，确有悔改表现，被继承人表示宽恕或者事后在遗嘱中将其列为继承人的，该继承人不丧失继承权。

受遗赠人有本条第一款规定行为的，丧失受遗赠权。

24. 法定继承的情形有哪些？

案情简介

邱先生的父亲去世了，家人因为财产继承起了纠纷，但父亲没有留下遗嘱。依据法律该怎么办呢？

律师说法

继承开始后，按照法定继承办理；有遗嘱的，按照遗嘱继承或者遗赠办理；有遗赠扶养协议的，按照遗赠扶养协议办理。

本案应按照法定继承来继承，法定继承要按照下列顺序继承：第一顺序：配偶、子女、父母。第二顺序：兄弟姐妹、祖父母、外祖父母。继承开始后，由第一顺序继承人继承，第二顺序继承人不继承。没有第一顺序继承人继承的，由第二顺序继承人继承。法律上的子女，包括婚生子女、非婚生子女、养子女和有扶养关系的继子女。

对于同一顺序继承人之间的分配问题，一般应当遵循下列原则：1. 协议分割原则；2. 保留胎儿继承份额的原则；3. 互谅互让、协商分割原则；4. 物尽其用的原则；5. 照顾有特殊困难又缺乏劳动能力的继承人的原则；6. 其他原则。

法律在继承方面的规定除充分考虑了弱势群体利益外，还对承担了较多扶养义务继承人的继承权利予以了保护。

另外在实践中还需注意，自然人无论男女都是平等的民事主体，《中华人民共和国民法典》第一千一百二十六条也明确规定继承权男女平等，这也是宪法中男女平等原则在继承法中的体现。

法条链接

《中华人民共和国民法典》

第一千一百二十六条 继承权男女平等。

第一千一百二十七条 遗产按照下列顺序继承：

（一）第一顺序：配偶、子女、父母；

（二）第二顺序：兄弟姐妹、祖父母、外祖父母。

继承开始后，由第一顺序继承人继承，第二顺序继承人不继承；没有第一顺序继承人继承的，由第二顺序继承人继承。

本编所称子女，包括婚生子女、非婚生子女、养子女和有扶养关系的继子女。

本编所称父母，包括生父母、养父母和有扶养关系的继父母。

本编所称兄弟姐妹，包括同父母的兄弟姐妹、同父异母或者同母异父的兄弟姐妹、养兄弟姐妹、有扶养关系的继兄弟姐妹。

第一千一百三十条 同一顺序继承人继承遗产的份额，一般应当均等。

对生活有特殊困难又缺乏劳动能力的继承人，分配遗产时，应当予以照顾。

对被继承人尽了主要扶养义务或者与被继承人共同生活的继承人，分配遗产时，可以多分。

有扶养能力和有扶养条件的继承人，不尽扶养义务的，分配遗产时，应当不分或者少分。

继承人协商同意的，也可以不均等。

第一千一百三十二条 继承人应当本着互谅互让、和睦团结的精神，协商处理继承问题。遗产分割的时间、办法和份额，由继承人协商确定；协商不成的，可以由人民调解委员会调解或者向人民法院提起诉讼。

25. 儿媳有继承权吗?

案情简介

刘先生有3个孩子，老大与惠某结婚，成家3年后，老大去世，留下惠某和刚刚出生的儿子小明，惠某一方面抚养儿子小明，另一方面精心照顾生病的刘先生。老大去世后2年，刘先生也去世了，留下一套房子，老二和老三将房屋卖了一分为二。惠某能继承该房屋吗?

律师说法

丧偶儿媳对公婆，丧偶女婿对岳父母，尽了主要赡养义务的，作为第一顺序继承人。老二和老三将房屋出卖，未保留给予惠某的份额，侵犯了惠某的第一顺序继承权，惠某可以到法院起诉他们，维护自己的合法权益。

此外，惠某的儿子小明也可以代位继承刘先生的遗产，因此，如没有其他继承人，那么刘先生的遗产应当一分为四，由老二、老三、惠某、小明4人继承。

实务中还会综合考量，照顾未成年人及对被继承人尽了较多赡养义务继承人的权利，对于未尽赡养义务的继承人，可以少分或不分遗产。

法条链接

《中华人民共和国民法典》

第一千一百二十九条 丧偶儿媳对公婆，丧偶女婿对岳父母，尽了主要赡养义务的，作为第一顺序继承人。

26. 遗嘱的效力如何？

案情简介

赵先生的父亲去世了，在生前为了能让自己的子女照顾自己，分别私下和他们说，只要赡养自己，自己就写遗嘱将名下的房屋留给赡养人，于是老人分别在子女家中居住了几年。在过世后，每个子女手中都有一份遗嘱，每一份都是老人亲笔书写的，亲笔签名并按了手印。该怎么处理呢？

律师说法

首先，从遗嘱形式上看，该遗嘱真实有效，具有法律效力。根据继承法的规定遗嘱人可以撤销、变更自己所立的遗嘱。立有数份遗嘱，内容相抵触的，以最后的遗嘱为准。

由于存在多份遗嘱，内容又都抵触，所以按照法律规定，应以最后书写的遗嘱为准来继承房屋。但由于其他子女也尽到了相应的赡养义务，因此可以请求法院酌情判决相应的份额由自己继承。

此外，在实践中如果还存在有遗赠扶养协议的，那么遗赠扶养协议的效力优先，与遗赠扶养协议内容相抵触的遗嘱内容无效。

另外，《中华人民共和国民法典》中删除了有关公证遗嘱效力优先的规定，这也是为了保障被继承人生前的真实遗愿。但最后的遗嘱是在危急情形下所订立的口头遗嘱的，需要满足订立口头遗嘱的条件，在危急情况解除后，遗嘱人能够以书面或录音形式订立遗嘱的，所立的口头遗嘱归于无效。

法条链接

《中华人民共和国民法典》

第一千一百四十二条 遗嘱人可以撤回、变更自己所立的遗嘱。

立遗嘱后，遗嘱人实施与遗嘱内容相反的民事法律行为的，视为对遗嘱相关内容的撤回。

立有数份遗嘱，内容相抵触的，以最后的遗嘱为准。

27. 遗嘱继承的房屋可以直接过户吗？

案情简介

李先生的父母共有一套房屋，产权证上只有他们两个人的名字。父亲留有遗嘱房产归其母亲所有。那么房产会自动过户到母亲名下吗，是否需要子女签字呢？

律师说法

继承房产，没有自动过户之说，虽然根据法律规定，因继承取得的物权自继承开始时发生效力，但不动产因其特殊性，还是需要经过登记才能产生物权变动的效力。因此必须到相应的房管所办理过户登记手续。

通过继承取得的不动产，根据不同的继承方式，需要准备的材料也有所不同，但在办理过户登记时，一般需要如下共性材料：1. 被继承人死亡证明（需在被继承人户籍所在地的派出所注销户籍，办理死亡证明）；2. 该套房屋的产权证明或其他凭证；3. 继承人的身份证件；4. 在公证处办理的继承权公证文件（需证明亲属间无遗产继承纠纷，如果存在纠纷，可以向法院起诉，由法院出具生效的裁判文书来确定继承权）；5. 因法定继承而办理过户的，需提交户口簿或其他可以证明被继承人与法定继承人的亲属关系的证明文件；6. 因遗赠而办理过户登记的还需要提供相应的完税证明。

此外，老人去世后子女只能通过继承来对房产进行过户，理论上没有时间限制，但是也最好尽快办理。

法条链接

《中华人民共和国民法典》

第二百三十条 因继承取得物权的，自继承开始时发生效力。

第二百三十二条 处分依照本节规定享有的不动产物权，依照法律规定需要办理登记的，未经登记，不发生物权效力。

第一千一百二十三条 继承开始后，按照法定继承办理；有遗嘱的，按照遗嘱继承或者遗赠办理；有遗赠扶养协议的，按照协议办理。

28. 继承人代书的遗嘱有效吗？

案情简介

李先生的父亲去世后，李先生的大哥拿出一份遗嘱，内容是父亲的全部财产由大哥一人继承，可是这份遗嘱由大哥代写，并由大嫂在见证人处签字，父亲按的手印。李先生想知道，这份遗嘱有效吗，其余兄弟姐妹有权继承父亲的遗产吗？

律师说法

这份遗嘱的订立方式存在瑕疵，属于无效遗嘱。因此如没有其他合法有效的遗嘱，父亲的遗产应当按照法定继承方式处理。

根据李先生所说的情况，这份遗嘱的见证人是大哥、大嫂，与继承遗产及遗产继承人均有直接利害关系，根据法律规定，代书遗嘱需要有两个以上的见证人在场，其中一人可为代书人，但代书人及见证人不能是继承人，且不得与遗产继承存在利害关系，故此份遗嘱无效。

在遗嘱无效情况下，就应按照法定继承来处理，即第一顺序继承人都享有继承权。因此，李先生和其他兄弟姐妹都有继承父亲遗产的权利。

除此以外，法律还规定了多种遗嘱无效的情形。例如，1. 遗嘱人不具备完全民事行为能力；2. 遗嘱内容违背遗嘱人的真实意思表示（包括受到欺诈、胁迫等）；3. 因遗嘱继承人的行为导致其丧失继承权的（如故意杀害被继承人等）；4. 遗嘱内容涉及无权处分的财产；5. 有遗赠扶养协议的，遗嘱内容中与其抵触的部分内容无效；6. 内容违反法律规定或违背社会公序良俗的无效（如约定妻子不得改嫁，否则丧失遗产继承等）；7. 没有给胎儿或缺乏劳动能力又没有生活来源的继承人保留必要份额的遗嘱部分无效，还需要扣除相应份额；8. 危急情况下订立的口头遗嘱，在危急情况消失，可以订立书面或录音录像遗嘱后，口头遗嘱无效；9. 自书遗嘱内容存在瑕疵的（如未签名、未写日期等）。

法条链接

《中华人民共和国民法典》

第一千一百二十七条 遗产按照下列顺序继承：

（一）第一顺序：配偶、子女、父母；

（二）第二顺序：兄弟姐妹、祖父母、外祖父母。

继承开始后，由第一顺序继承人继承，第二顺序继承人不继承；没有第一顺序继承人继承的，由第二顺序继承人继承。

本编所称子女，包括婚生子女、非婚生子女、养子女和有扶养关系的继子女。

本编所称父母，包括生父母、养父母和有扶养关系的继父母。

本编所称兄弟姐妹，包括同父母的兄弟姐妹、同父异母或者同母异父的兄弟姐妹、养兄弟姐妹、有扶养关系的继兄弟姐妹。

第一千一百三十五条 代书遗嘱应当有两个以上见证人在场见证，由其中一人代书，并由遗嘱人、代书人和其他见证人签名，注明年、月、日。

29. 被继承人和继承人同时死亡，该如何继承？

案情简介

李先生和母亲马某在一场车祸中去世。由于车祸特别严重，不能检验出死亡顺序。亲人之间发生争执，尤其是李先生儿子和李先生兄弟姐妹们的争执最为激烈，都认为自己应该多分。那么，遗产该如何分配呢？

律师说法

遗产在没有遗嘱的情况下，应该按照法定继承由第一顺序继承人继承。但是，在该案中去世的两人互为第一顺序继承人，除此以外，李先生的儿子属于自己的第一顺序继承人，自己的兄弟姐妹们属于母亲的第一顺序继承人，财产分配情况复杂。按照法律规定，相互有继承关系的几个人在意外事件中死亡，不能确定死亡顺序的，在都有继承人的情况下，辈分不同，推定长辈先去世。也就是说，推定马某先于李先生去世，遗产按照法定继承由自己的子女继承。由于子女之一的李先生也去世了，李先生的遗产由自己的儿子继承。

而法律之所以如此规定，主要是基于保护继承人的利益和遵循自然的法则，便于遗产的分配。在本案中，如果推定李先生先死亡，则其遗产由同属第一顺位继承人的配偶、父母、子女继承，母亲马某获得遗产后死亡，其遗产再次由配偶、几个子女及李先生的儿子代位继承。这样的继承方式比现在规定的方式增加了一次继承分配，同时也不符合我国民间家庭继承的传统。

法条链接

《中华人民共和国民法典》

第一千一百二十一条 继承从被继承人死亡时开始。

相互有继承关系的数人在同一事件中死亡，难以确定死亡时间的，推定没有其他继承人的人先死亡。都有其他继承人，辈份不同的，推定长辈先死亡；辈份相同的，推定同时死亡，相互不发生继承。

30. 已经出售过户的房屋，还能通过遗嘱分配吗？

案情简介

赵先生爷爷在世的时候把唯一的住房以买卖过户的形式给了赵先生，但是爷爷又在遗嘱中把他的房子以三等份均分给了他的父亲和姑姑们。现在姑姑们要求分房子，请问这份遗嘱是否有效？

律师说法

这份遗嘱无效。赵先生的爷爷在生前已经通过买卖的方式将其所有的房屋转移到赵先生名下，产权变更登记后房屋应归赵先生所有。依据我国法律规定，遗嘱处分的遗产只能是个人合法所有的财产，即遗嘱只能处分遗嘱人有权处分的财产，在遗嘱中处分他人的财产是无效的。本案中，虽然赵先生的爷爷生前立有遗嘱，但处分了已经属于赵先生的财产，因此这部分遗嘱是不生效的。赵先生的姑姑们自然无权依据该遗嘱要求分割赵先生名下的房屋。

法条链接

《中华人民共和国民法典》

第一千一百三十三条第一款 自然人可以依照本法规定立遗嘱处分个人财产，并可以指定遗嘱执行人。

《最高人民法院关于适用〈中华人民共和国民法典〉继承编的解释（一）》

第二十六条 遗嘱人以遗嘱处分了国家、集体或者他人财产的，应当认定该部分遗嘱无效。

31. 接受遗赠的人有义务偿还债务吗？

案情简介

许先生和老张是忘年交，老张去世前，特地在遗嘱中明确将自己收藏的古画赠与许先生。老张去世后许先生依照遗嘱获得了古画，然而在不久后，有一个陌生人拿着欠条来找他，说老张生前欠他20万元一直没有归还，现在要让许先生变卖受赠的古画偿还这笔钱。那么许先生有义务这么做吗？

律师说法

首先，许先生获得老张遗产的方式属于遗赠。遗产已被分割而未清偿债务时，如有法定继承又有遗嘱继承和遗赠的，首先由法定继承人用其所得遗产清偿债务；不足以清偿时，剩余的债务由遗嘱继承人和受遗赠人按比例用所得遗产偿还。

因此，许先生应当先了解是否有法定继承人继承了老张的遗产，如果有，应当先由法定继承人在继承财产范围内清偿债务，只有在没有法定继承人，或者法定继承人继承的遗产还不够清偿债务时，许先生才有义务在受遗赠财产的范围内偿还老张的债务。也就是说，古画折价后如金额不足以偿还债务，许先生也不必承担不足部分的债务，而如果折价金额超出20万元，超出部分仍然归许先生所有。

而如果许先生放弃接受该遗赠，则不必再承担该笔债务。

此外，由于遗产既包括积极遗产（如物权、债权），也包括消极财产（如债务），继承人在继承积极遗产时也必须继承消极遗产。也就是说，必须对被继承人的债务进行清偿。对被继承人债务的清偿原则如下：

1. 限定清偿原则。继承人概括继承被继承人遗产、需偿还被继承人生前遗留的个人合法债务，仅以所得积极遗产为限负责清偿，超过继承人所继承遗产的价值总额，继承人可以不负清偿的责任。但继承人自愿偿还的不在此限。

2. 遗产已被分割而未清偿债务时，如有法定继承人又有遗嘱继承人和受遗赠人的，先由法定继承人用其所得遗产清偿债务；不足以清偿时，剩余的债务由遗嘱继承人和受遗赠人按比例用所得遗产偿还；放弃继承或受遗赠的，不再承担偿还债务的责任。

3. 继承人分担债务原则。继承人之间依其得到的积极财产的比例来清偿被继承人的债务。

4. 执行遗赠不影响债务清偿。

5. 债务不得影响预留的份额。为体现人道主义，遗嘱应当对缺乏劳动能力又没有生活来源的继承人保留必要的遗产份额，此份额不因被继承人存在债务而受到影响。

法条链接

《中华人民共和国民法典》

第一千一百二十三条 继承开始后，按照法定继承办理；有遗嘱的，按照遗嘱继承或者遗赠办理；有遗赠扶养协议的，按照协议办理。

第一千一百二十四条 继承开始后，继承人放弃继承的，应当在遗产处理前，以书面形式作出放弃继承的表示；没有表示的，视为接受继承。

受遗赠人应当在知道受遗赠后六十日内，作出接受或者放弃受遗赠的表示；到期没有表示的，视为放弃受遗赠。

第一千一百六十三条 既有法定继承又有遗嘱继承、遗赠的，由法定继承人清偿被继承人依法应当缴纳的税款和债务；超过法定继承遗产实际价值部分，由遗嘱继承人和受遗赠人按比例以所得遗产清偿。

32. 有遗嘱就一定能拿到房吗?

案情简介

王先生的父亲去世了，留下一套房，哥哥拿来一份只有名字和日期为父亲亲笔书写，其余内容皆为打印的遗嘱，内容为该房屋由哥哥继承。哥哥另称，对于该房屋，父亲生前健康清醒时也口头说过该房屋归哥哥所有，且嫂子和嫂子的大哥都可以作证。王先生想知道哥哥能据此遗嘱拿到房子吗?

律师说法

答案是不能。

从王先生哥哥提供的遗嘱来看，该遗嘱形式属于法律规定的打印遗嘱，虽有遗嘱人的签名，但内容为打印，容易造假。虽有见证人，但见证人与王先生的哥哥有利害关系，不符合见证人的要求。所以，王先生的哥哥不能依据此遗嘱拿到该房屋。

打印遗嘱生效应当满足如下条件：1. 遗嘱人具有完全民事行为能力；2. 遗嘱内容应当符合遗嘱人的真实意思表示；3. 应当有两个以上无利害关系的见证人在场见证，遗嘱人和见证人应当在遗嘱每一页签名，注明年、月、日；4. 遗嘱人对遗嘱中处分的财产拥有处分的权利。

而在本案中，因该遗嘱的订立形式不符合法律规定，不能确定遗嘱的内容符合遗嘱人的真实意思表示，存在伪造的可能性，因此不能被确定为有效的遗嘱。这也提醒广大当事人，在订立遗嘱时应当注意法律的规定，避免因遗嘱订立形式瑕疵而导致遗嘱无效的情形出现。

法条链接

《中华人民共和国民法典》

第一千一百三十六条 打印遗嘱应当有两个以上见证人在场见证。

遗嘱人和见证人应当在遗嘱每一页签名，注明年、月、日。

第一千一百三十八条 遗嘱人在危急情况下，可以立口头遗嘱。口头遗嘱应当有两个以上见证人在场见证。危急情况消除后，遗嘱人能够以书面或者录音录像形式立遗嘱的，所立的口头遗嘱无效。

33. 继承人需要清偿被继承人的债务吗？

案情简介

李先生的父亲去世了，留下一套房屋，价值200万元。李先生的父亲生前欠债320万元。债权人认为李先生继承了他父亲的房子，觉得这笔欠债应该由他来还。李先生想知道对方能要求自己还钱吗？

律师说法

由于遗产既包括积极遗产（如物权、债权），也包括消极财产（如债务），继承人在继承积极遗产时也必须继承消极遗产。也就是说，继承人必须对被继承人的债务进行清偿。根据《中华人民共和国民法典》相关法律的规定，继承遗产应当清偿被继承人依法应当缴纳的税款和债务，缴纳税款和清偿债务以遗产的实际价值为限。超过遗产实际价值的部分，继承人自愿偿还的不在此限。继承人放弃继承的，对被继承人依法应当缴纳的税款和债务可以不负偿还责任。也就是说，对方可以要求李先生还钱，但所还额度只能以李先生继承房屋的实际价值为限。这就是遗产继承时的限定清偿原则。

法条链接

《中华人民共和国民法典》

第一千一百六十三条 既有法定继承又有遗嘱继承、遗赠的，由法定继承人清偿被继承人依法应当缴纳的税款和债务；超过法定继承遗产实际价值部分，由遗嘱继承人和受遗赠人按比例以所得遗产清偿。

34. 监护人的职责有哪些？

案情简介

王先生的妻子常年卧病在床，已经丧失了语言表达能力，如今自己的身体也不太好，为了防止日后发生纠纷，想以妻子法定代理人的身份，就夫妻共同拥有的一套房子立下遗嘱，他想知道这样做是否可行呢？

律师说法

一般情况下，配偶是不能对另一方的财产立遗嘱进行处理的，遗嘱既然是遗嘱人处分其个人财产的民事行为，就只能就遗嘱人个人的合法财产作出处置，遗嘱人以遗嘱处分了属于国家、集体或者他人所有的财产的，遗嘱的该部分内容应当被认定为无效。

而订立遗嘱的当事人必须神智清醒，具有行为能力。对监护人来说，其有权管理和保护被监护人的财产，并代理被监护人进行民事活动，不得损害被监护人的合法财产权益。法律并未规定监护人可以代替被监护人订立遗嘱，除非为了保障、照顾限制民事行为能力人正常的生活，否则监护人并没有代被监护人设立遗嘱的权利。

王先生只能就自己部分的财产订立遗嘱，而无权处分妻子的那部分财产。

另外，根据我国法律的规定，因患病丧失民事行为能力或者限制民事行为能力的成年人，由其配偶担任法定监护人，监护人应当按照最有利于被监护人的原则履行监护职责，监护人除了为维护被监护人利益以外，不得处分被监护人的财产。

法条链接

《中华人民共和国民法典》

第三十五条第一款 监护人应当按照最有利于被监护人的原则履行监护职责。监护人除为维护被监护人利益外，不得处分被监护人的财产。

35. 公证遗嘱的效力如何？

案情简介

李先生想要订立遗嘱，他现在想知道公证遗嘱的效力是不是优于其他遗嘱？

律师说法

公证遗嘱的效力和其他遗嘱相比较，并不是最优先的。如果存在多份遗嘱，且内容相抵触，要以最后一份遗嘱为准。《中华人民共和国民法典》第一千一百四十二条规定，遗嘱人可以撤回、变更自己所立的遗嘱。立遗嘱后，遗嘱人实施与遗嘱内容相反的民事法律行为的，视为对遗嘱相关内容的撤回。立有数份遗嘱，内容相抵触的，以最后的遗嘱为准。

法条链接

《中华人民共和国民法典》

第一千一百四十二条 遗嘱人可以撤回、变更自己所立的遗嘱。

立遗嘱后，遗嘱人实施与遗嘱内容相反的民事法律行为的，视为对遗嘱相关内容的撤回。

立有数份遗嘱，内容相抵触的，以最后的遗嘱为准。

36. 如何办理公证遗嘱？

案情简介

赵先生和妻子想立一份遗嘱，并且想去公证，他想知道该怎么办理公证遗嘱呢？

律师说法

如何办理公证遗嘱是很多人关心的问题，《中华人民共和国民法典》第一千一百三十九条规定，公证遗嘱由遗嘱人经公证机构办理。申办公证遗嘱，遗嘱人应当填写公证申请表，并提交下列证件和材料：1. 居民身份证或者其他身份证件；2. 遗嘱涉及的财产凭证，如房地产权证、存款证明、股权证明等；3. 公证人员认为应当提交的其他材料。公证遗嘱应当由遗嘱人经公证机构办理。

法条链接

《中华人民共和国民法典》

第一千一百三十九条 公证遗嘱由遗嘱人经公证机构办理。

37. 独生子可以继承父母的全部遗产吗？

案情简介

高先生是家中的独生子，母亲和父亲因患重病先后去世了，留下了两套住房和部分存款。父母去世时，高先生的奶奶和姥爷还健在。那么，高先生作为独生子可以继承父母的全部遗产吗？

律师说法

高先生作为独生子不可以继承父母的全部遗产。

《中华人民共和国民法典》规定，若无有效遗嘱，遗产将由在世的第一顺序继承人继承，如果第一顺序继承人都不在世，则由在世的第二顺序继承人继承。也就是说，独生子女虽然属于第一顺序继承人，但不一定是唯一的第一顺序继承人。

高先生父亲去世时奶奶还在世，高先生母亲去世时姥爷还在世。因此按照法定继承顺序，高先生和奶奶、姥爷同是法定的第一顺序继承人，都有权参与遗产继承。《中华人民共和国民法典》第一千一百二十三条规定，继承开始后，按照法定继承办理；有遗嘱的，按照遗嘱继承或者遗赠办理；有遗赠扶养协议的，按照协议办理。

法条链接

《中华人民共和国民法典》

第一千一百二十三条 继承开始后，按照法定继承办理；有遗嘱的，按照遗嘱继承或者遗赠办理；有遗赠扶养协议的，按照协议办理。

第一千一百二十七条 遗产按照下列顺序继承：

（一）第一顺序：配偶、子女、父母；

（二）第二顺序：兄弟姐妹、祖父母、外祖父母。

继承开始后，由第一顺序继承人继承，第二顺序继承人不继承；没有第一顺序继承人继承的，由第二顺序继承人继承。

本编所称子女，包括婚生子女、非婚生子女、养子女和有扶养关系的继子女。

本编所称父母，包括生父母、养父母和有扶养关系的继父母。

本编所称兄弟姐妹，包括同父母的兄弟姐妹、同父异母或者同母异父的兄弟姐妹、养兄弟姐妹、有扶养关系的继兄弟姐妹。

38. 篡改遗嘱内容被发现，还能继承遗产吗？

案情简介

张某因争夺遗产篡改了父亲的遗嘱内容，那么张某还有继承权吗？

律师说法

根据《中华人民共和国民法典》第一千一百二十五条的规定，继承人有下列行为之一的，丧失继承权：1. 故意杀害被继承人；2. 为争夺遗产而杀害其他继承人；3. 遗弃被继承人，或者虐待被继承人情节严重；4. 伪造、篡改、隐匿或者销毁遗嘱，情节严重；5. 以欺诈、胁迫手段迫使或者妨碍被继承人设立、变更或者撤回遗嘱，情节严重。继承人有第三项至第五项行为，确有悔改表现，被继承人表示宽恕或者事后在遗嘱中将其列为继承人的，该继承人不丧失继承权。受遗赠人有本条第一款规定行为的，丧失受遗赠权。

如果张某有悔改的表现且被继承人谅解了张某或者事后在遗嘱中将张某列为继承人，则张某的继承权不丧失。

法条链接

《中华人民共和国民法典》

第一千一百二十五条 继承人有下列行为之一的，丧失继承权：

（一）故意杀害被继承人；

（二）为争夺遗产而杀害其他继承人；

（三）遗弃被继承人，或者虐待被继承人情节严重；

（四）伪造、篡改、隐匿或者销毁遗嘱，情节严重；

（五）以欺诈、胁迫手段迫使或者妨碍被继承人设立、变更或者撤

回遗嘱，情节严重。

继承人有前款第三项至第五项行为，确有悔改表现，被继承人表示宽恕或者事后在遗嘱中将其列为继承人的，该继承人不丧失继承权。

受遗赠人有本条第一款规定行为的，丧失受遗赠权。

39. 照顾独居老人能分得遗产吗？

案情简介

张女士的邻居是一位 80 岁的孤寡老人，无儿无女一直独居。自己出于好心多年来一直照顾老人直到老人去世，那么现在自己能继承老人的遗产吗？

律师说法

原《中华人民共和国继承法》第十四条规定，对继承人以外的依靠被继承人扶养的缺乏劳动能力又没有生活来源的人，或者继承人以外的对被继承人扶养较多的人，可以分给他们适当的遗产。而《中华人民共和国民法典》第一千一百三十一条规定，对继承人以外的依靠被继承人扶养的人，或者继承人以外对被继承人扶养较多的人，可以分给他们适当的遗产。

本案中张女士如对老人尽到照顾赡养义务，有权继承老人的遗产。

法条链接

《中华人民共和国民法典》

第一千一百三十一条 对继承人以外的依靠被继承人扶养的人，或者继承人以外的对被继承人扶养较多的人，可以分给适当的遗产。

40. 电子邮件所立遗嘱有效吗？

案情简介

刘先生想要立遗嘱，他想知道以电子邮件形式所立的遗嘱有效吗？

律师说法

原《中华人民共和国继承法》规定了五种遗嘱形式：公证遗嘱、自书遗嘱、代书遗嘱、录音遗嘱和口头遗嘱。而《中华人民共和国民法典》第一千一百三十六条、第一千一百三十七条规定新增了“打印遗嘱”和“录音录像遗嘱”。并没有新增以电子邮件所立的遗嘱，所以电子邮件形式所立的遗嘱是无效的。

法条链接

《中华人民共和国民法典》

第一千一百三十六条 打印遗嘱应当有两个以上见证人在场见证。遗嘱人和见证人应当在遗嘱每一页签名，注明年、月、日。

第一千一百三十七条 以录音录像形式立的遗嘱，应当有两个以上见证人在场见证。遗嘱人和见证人应当在录音录像中记录其姓名或者肖像，以及年、月、日。

41. 自然人可以设立遗嘱信托吗？

案情简介

老张在继承家族企业后，积累了巨额财富。但已过古稀之年的他身

体不如从前，为了避免日后子女争夺家产，他想提前立下遗嘱，但又担心子女挥霍无度，于是想设立遗嘱信托。老张想知道，自己作为自然人可以设立遗嘱信托吗？

律师说法

《中华人民共和国民法典》第一千一百三十三条第四款规定，自然人可以依法设立遗嘱信托。遗嘱信托，也叫死后信托，是指通过遗嘱而设立的信托，即遗嘱人也就是委托人，以立遗嘱的方式，把自己的遗产交付信托。

遗嘱信托一般包括三方当事人：一是委托人即被继承人；二是受托人，遗嘱信托指定的受托人应当是具有理财能力的律师、会计师、信托投资机构等专业人员或专业机构；三是受益人即继承人，遗嘱信托的受益人可以是法定继承人的一人或者数人。遗嘱人可以将遗产受益人指定为法定继承人以外的人。遗嘱信托在遗嘱人订立遗嘱后成立，并于遗嘱人去世后生效。遗嘱信托既能够很好地解决财产传承问题，也能够减少因遗产产生的纷争。

值得注意的是，遗嘱信托应当采取书面形式订立。遗嘱信托中的遗嘱，应当符合《中华人民共和国民法典》的规定。遗嘱信托中的信托，应当符合《中华人民共和国信托法》的规定。

综上，老张可以设立遗嘱信托。

法条链接

《中华人民共和国民法典》

第一千一百三十三条　自然人可以依照本法规定立遗嘱处分个人财产，并可以指定遗嘱执行人。

自然人可以立遗嘱将个人财产指定由法定继承人中的一人或者数人继承。

自然人可以立遗嘱将个人财产赠与国家、集体或者法定继承人以外的组织、个人。

自然人可以依法设立遗嘱信托。

42. 没有公证人也没有见证人的遗嘱有效吗？

案情简介

刘先生离婚后和单身的李女士相识，刘先生有退休工资但身体不佳，而李女士没有经济来源但身体健康，后两人同居十余年，未领结婚证，李女士一直照料刘先生的生活起居。后刘先生去世前立下遗嘱，自愿将其名下房屋以及所有财产全部留给李女士。刘先生的子女认为这份遗嘱既没有公证人也没有见证人，内容不真实，那么这份遗嘱有效吗？

律师说法

这需要看刘先生留下的遗嘱是何种形式的。法律目前主要规定的遗嘱方式分别是：口头遗嘱、公证遗嘱、自书遗嘱、代书遗嘱、打印遗嘱和录音录像遗嘱。如果刘先生留下的是自书遗嘱，根据《中华人民共和国民法典》第一千一百三十四条的规定，自书遗嘱需要由刘先生亲笔书写，签名，并注明年、月、日。只需满足以上条件，刘先生的遗嘱就是有效的，李女士可以根据遗嘱继承刘先生的遗产。公证和见证人不是自书遗嘱的法定要求形式。如果刘先生留下的是其他几种形式的遗嘱，则需要有两个以上的见证人。公证可以补强遗嘱的证明力，但并不是遗嘱的法定要求形式。

法条链接

《中华人民共和国民法典》

第一千一百三十四条　自书遗嘱由遗嘱人亲笔书写，签名，注明年、月、日。

43. 再婚后，遗产该如何继承？

案情简介

刘先生的父亲去世了，留下一套房子，这套房子是父亲再婚后购置的，他想知道自己和继母以及继母所生的妹妹应该如何分割这套房子？

律师说法

房子是刘先生父亲再婚期间购买的，属于父亲和继母的夫妻共同财产，因此房子的一半属于继母的财产，在没有遗嘱和遗赠的情况下，另一半属于遗产，遗产由刘先生的爷爷奶奶、继母、兄弟姐妹继承，一般应当平分。如果继承人之间对遗产分割没有异议，可以通过协商的方式办理房屋过户手续，如果继承人之间对遗产分割有异议，可以通过向法院起诉方式分割遗产。

法条链接

《中华人民共和国民法典》

第一千一百二十七条 遗产按照下列顺序继承：

（一）第一顺序：配偶、子女、父母；

（二）第二顺序：兄弟姐妹、祖父母、外祖父母。

继承开始后，由第一顺序继承人继承，第二顺序继承人不继承；没有第一顺序继承人继承的，由第二顺序继承人继承。

本编所称子女，包括婚生子女、非婚生子女、养子女和有扶养关系的继子女。

本编所称父母，包括生父母、养父母和有扶养关系的继父母。

本编所称兄弟姐妹，包括同父母的兄弟姐妹、同父异母或者同母异父的兄弟姐妹、养兄弟姐妹、有扶养关系的继兄弟姐妹。

第一千一百三十条　同一顺序继承人继承遗产的份额，一般应当均等。

对生活有特殊困难又缺乏劳动能力的继承人，分配遗产时，应当予以照顾。

对被继承人尽了主要扶养义务或者与被继承人共同生活的继承人，分配遗产时，可以多分。

有扶养能力和有扶养条件的继承人，不尽扶养义务的，分配遗产时，应当不分或者少分。

继承人协商同意的，也可以不均等。

44. 父债子偿是法律规定的吗？

案情简介

王先生的父母去世前欠了一笔债没有还，他想知道作为子女，自己需要替已去世的父母还债吗？

律师说法

针对这个问题，子女没有为父母清偿债务的法律义务，父母生前所负债务应当从所留遗产中予以偿还，超过遗产数额的债务子女无法律义务偿还。

《中华人民共和国民法典》第一千一百五十九条规定，分割遗产，应当清偿被继承人依法应当缴纳的税款和债务；但是，应当为缺乏劳动能力又没有生活来源的继承人保留必要的遗产。第一千一百六十一条规定，继承人以所得遗产实际价值为限清偿被继承人依法应当缴纳的税款和债务。超过遗产实际价值的部分，继承人自愿偿还的不在此限。继承人放弃继承的，对被继承人依法应当缴纳的税款和债务可以不负清偿责任。

在遗产数额范围内的债务，子女应当先用父母的遗产清偿债务，剩余的遗产再进行分配。清偿债务以遗产的实际价值为限，超出遗产实际价值的部分，子女没有清偿义务，当然，子女自愿清偿的除外。在法定继承和遗嘱继承、遗赠同时存在的情况下，应当先以法定继承的遗产来清偿债务，超过的部分，由遗嘱继承人和受遗赠人按比例以所得遗产清偿。

法条链接

《中华人民共和国民法典》

第一千一百五十九条 分割遗产，应当清偿被继承人依法应当缴纳的税款和债务；但是，应当为缺乏劳动能力又没有生活来源的继承人保留必要的遗产。

第一千一百六十一条 继承人以所得遗产实际价值为限清偿被继承人依法应当缴纳的税款和债务。超过遗产实际价值部分，继承人自愿偿还的不在此限。

继承人放弃继承的，对被继承人依法应当缴纳的税款和债务可以不负清偿责任。

45. 精神病人是否具有继承权？

案情简介

张女士的女婿已经去世，在结婚后，自己的女儿就患上了精神疾病，现在女婿留下了一些遗产。那么张女士想知道女儿是否有权继承这些遗产呢？

律师说法

张女士的女儿可以继承丈夫的遗产，配偶是法定第一顺序继承人，继承并不因精神状况而受到限制。若精神病人无法独立行使权利，应当先确定监护人。

在行使继承权时，应视张女士女儿具体的精神状况而定，看其是否能够完全辨认自己的行为。若张女士女儿为无民事行为能力人，应当由其法定代理人代理实施民事法律行为；若张女士女儿为限制民事行为能力人，实施民事法律行为由其法定代理人代理或者经其法定代理人同意、追认。但是，其可以独立实施纯获利益的民事法律行为或者与其智力、精神健康状况相适应的民事法律行为。

法条链接

《中华人民共和国民法典》

第二十一条第一款 不能辨认自己行为的成年人为无民事行为能力人，由其法定代理人代理实施民事法律行为。

第二十二条 不能完全辨认自己行为的成年人为限制民事行为能力人，实施民事法律行为由其法定代理人代理或者经其法定代理人同意、追认；但是，可以独立实施纯获利益的民事法律行为或者与其智力、精神健康状况相适应的民事法律行为。

第一千一百二十七条第一款、第二款 遗产按照下列顺序继承：

（一）第一顺序：配偶、子女、父母；

（二）第二顺序：兄弟姐妹、祖父母、外祖父母。

继承开始后，由第一顺序继承人继承，第二顺序继承人不继承；没有第一顺序继承人继承的，由第二顺序继承人继承。

抚养收养篇

1. 如何申请撤销监护人资格？

案情简介

王女士和丈夫是再婚，共同抚养丈夫与前妻的女儿长达 10 年。去年丈夫去世，她认为继女的生母从未尽过母亲的责任，于是想申请撤销继女生母的监护权取而代之。她想知道这样做可以吗？

律师说法

撤销监护人资格，必须有以下情形：监护人实施严重损害被监护人身心健康行为的；监护人怠于履行监护职责，或者无法履行监护职责并且拒绝将监护职责部分或者全部委托给他人，导致被监护人处于危困状态的；监护人实施严重侵害被监护人合法权益的其他行为的。王女士继女的生母有以上三种情况才可以撤销其监护权，否则不能。

法条链接

《中华人民共和国民法典》

第三十六条 监护人有下列情形之一的，人民法院根据有关个人或者组织的申请，撤销其监护人资格，安排必要的临时监护措施，并按照最有利于被监护人的原则依法指定监护人：

（一）实施严重损害被监护人身心健康的行为；

（二）怠于履行监护职责，或者无法履行监护职责且拒绝将监护职责部分或者全部委托给他人，导致被监护人处于危困状态；

（三）实施严重侵害被监护人合法权益的其他行为。

本条规定的有关个人、组织包括：其他依法具有监护资格的人，居民委员会、村民委员会、学校、医疗机构、妇女联合会、残疾人联合会、未成年人保护组织、依法设立的老年人组织、民政部门等。

前款规定的个人和民政部门以外的组织未及时向人民法院申请撤销监护人资格的，民政部门应当向人民法院申请。

2. 确认抚养权需要征求孩子的意见吗？

案情简介

张女士与前夫在2009年5月办理了结婚登记，2011年生育一子小辉。因为夫妻感情破裂，2019年12月张女士提起离婚诉讼，双方均同意离婚，但是对儿子的抚养权归属问题双方存有争议。小辉现在9周岁，父母离婚时争夺抚养权，需要征询他的意见吗？

律师说法

孩子已满8周岁，需要征询孩子的意见。

根据《中华人民共和国民法典》第一千零八十四条的规定，父母与子女间的关系，不因父母离婚而消除。离婚后，子女无论由父或者母直接抚养，仍是父母双方的子女。

离婚后，父母对于子女仍有抚养、教育、保护的权利和义务。

离婚后，不满2周岁的子女，以由母亲直接抚养为原则。已满2周岁的子女，父母双方对抚养问题协议不成的，由人民法院根据双方的具体情况，按照最有利于未成年子女的原则判决。子女已满8周岁的，应当尊重其真实意愿。

法条链接

《中华人民共和国民法典》

第一千零八十四条 父母与子女间的关系，不因父母离婚而消除。离婚后，子女无论由父或者母直接抚养，仍是父母双方的子女。

离婚后，父母对于子女仍有抚养、教育、保护的权利和义务。

离婚后，不满两周岁的子女，以由母亲直接抚养为原则。已满两周岁的子女，父母双方对抚养问题协议不成的，由人民法院根据双方的具体情况，按照最有利于未成年子女的原则判决。子女已满八周岁的，应当尊重其真实意愿。

3. 如何保护胎儿利益？

案情简介

陈女士怀孕6个月，丈夫因交通事故去世，经交警部门认定，对方负事故的全部责任。现在陈女士想知道，孩子还没出生，能否要求肇事方支付孩子的抚养费？

律师说法

按照法律规定，未出生的胎儿一般不具有民事权利能力，但《中华人民共和国民法典》第十六条另有规定，涉及遗产继承、接受赠与等胎儿利益保护的，胎儿视为具有民事权利能力。但是，胎儿娩出时为死体的，其民事权利能力自始不存在。所以，陈女士暂时不能要求对方支付孩子的抚养费，而是应该待胎儿出生后，区别是活体还是死体，由活体的婴儿享有并行使抚养费请求权。另外因婴儿不具备民事行为能力，抚养费请求权应由监护人代为行使。

法条链接

《中华人民共和国民法典》

第十六条 涉及遗产继承、接受赠与等胎儿利益保护的，胎儿视为具有民事权利能力。但是，胎儿娩出时为死体的，其民事权利能力自始不存在。

4. 离婚后还要支付继子女抚养费吗？

案情简介

李先生的妻子和前夫有个孩子，恋爱时李先生向妻子承诺，自己婚后会对孩子视如己出并承担抚养义务，结果两人结婚才 2 个月，妻子就要离婚，还让李先生继续履行支付孩子抚养费的义务。李先生想知道，离婚后自己还要支付孩子的抚养费吗？

律师说法

离婚后，李先生不用向孩子支付抚养费。《中华人民共和国民法典》规定，父母对未成年子女负有抚养、教育和保护的义务，继父母和受其抚养教育的继子女间的权利义务关系，适用父母子女关系的规定。但现在李先生还未与孩子形成抚养关系，不是与孩子形成抚养关系的继父。虽然李先生在婚前承诺抚养孩子，但这仅建立在二人婚姻关系存续的基础之上，离婚后李先生没有向孩子支付抚养费的义务。

法条链接

《中华人民共和国民法典》

第二十六条 父母对未成年子女负有抚养、教育和保护的义务。

成年子女对父母负有赡养、扶助和保护的义务。

5. 可以收养几个孩子？

案情简介

王女士婚后和丈夫一直没有孩子，双方无不良嗜好，也没有犯罪记录。现在他们想收养孩子，但不知能收养几个孩子呢？

律师说法

根据《中华人民共和国民法典》第一千一百条规定，无子女的收养人可以收养两名子女；有子女的收养人只能收养一名子女。收养孤儿、残疾未成年人或者儿童福利机构抚养的查找不到生父母的未成年人，可以不受前款和本法第一千零九十八条第一项规定的限制。按照王女士所述，在没有子女的情况下，王女士是可以收养两名子女的。如果王女士还想收养孤儿、残疾未成人或者儿童福利机构抚养的查找不到生父母的未成年人，则不受上述限制。

法条链接

《中华人民共和国民法典》

第一千一百条　无子女的收养人可以收养两名子女；有子女的收养人只能收养一名子女。

收养孤儿、残疾未成年人或者儿童福利机构抚养的查找不到生父母的未成年人，可以不受前款和本法第一千零九十八条第一项规定的限制。

6. 抚养权变更问题

案情简介

张女士和前夫离婚时，由于自己身患重病，9岁的孩子被判给了前夫抚养，自己力所能及地支付一些抚养费。如今，前夫出了意外，造成半身不遂但并没有丧失抚养能力。张女士想知道，这样的情况下，丈夫是否丧失了抚养权，孩子该由谁抚养？

律师说法

一方遇突发情况丧失抚养能力并不当然丧失抚养权，法院会从有利于保护未成年人利益的角度考虑，决定是否变更抚养权，如若丧失抚养能力的一方父母帮忙抚养未成年子女，且另一方也并没有更有利于未成年人成长的因素，贸然改变生活环境可能会对未成年人的成长更为不利，因此并不必然会改变抚养权。

本案中张女士的状况并没有更有利于未成年人成长的因素，一般来说这种情况下不会改变抚养权，孩子还是由张女士前夫抚养。如果双方想变更孩子的抚养权，可以通过协议变更或者到法院诉讼的方式变更。

法条链接

《最高人民法院关于适用〈中华人民共和国民法典〉婚姻家庭编的解释（一）》

第五十五条 离婚后，父母一方要求变更子女抚养关系的，或者子女要求增加抚养费的，应当另行提起诉讼。

第五十六条 具有下列情形之一，父母一方要求变更子女抚养关系的，人民法院应予支持：

（一）与子女共同生活的一方因患严重疾病或者因伤残无力继续抚

养子女；

（二）与子女共同生活的一方不尽抚养义务或有虐待子女行为，或者其与子女共同生活对子女身心健康确有不利影响；

（三）已满八周岁的子女，愿随另一方生活，该方又有抚养能力；

（四）有其他正当理由需要变更。

第五十七条 父母双方协议变更子女抚养关系的，人民法院应予支持。

7. 单亲妈妈如何给孩子上户口？

案情简介

张女士和男朋友分手后有了孩子，她想知道单亲妈妈该怎么给孩子上户口？

律师说法

通常这种情况下，出生的孩子的户口只能上到女方户籍下，除非男方与孩子做了亲子鉴定，才能上到男方名下。《中华人民共和国民法典》也规定了非婚生子女的权利，非婚生子女享有与婚生了女同等的权利，任何组织或者个人不得加以危害和歧视。不直接抚养非婚生子女的生父或者生母，应当负担未成年子女或者不能独立生活的成年子女的抚养费。

法条链接

《中华人民共和国民法典》

第一千零七十一条 非婚生子女享有与婚生子女同等的权利，任何组织或者个人不得加以危害和歧视。

不直接抚养非婚生子女的生父或者生母，应当负担未成年子女或者不能独立生活的成年子女的抚养费。

8. 抚养费等于生活费吗?

案情简介

张女士离婚后，前夫只给孩子的生活开支费用，孩子大了上私立学校花销大，前夫却表示生活费已经给过了，不再给学习费用了，张女士想知道抚养费等于生活费吗?

律师说法

根据《最高人民法院关于适用〈中华人民共和国民法典〉婚姻家庭编的解释（一）》的规定，抚养费包括子女生活费、教育费、医疗费等费用。

此外，《中华人民共和国民法典》还规定父母不履行抚养义务的，未成年子女或者不能独立生活的成年子女，有要求父母给付抚养费的权利；离婚后，子女由一方直接抚养的，另一方应当负担部分或者全部抚养费。负担费用的多少和期限的长短，由双方协议；协议不成的，由人民法院判决。

法条链接

《最高人民法院关于适用〈中华人民共和国民法典〉婚姻家庭编的解释（一）》

第四十二条 民法典第一千零六十七条所称“抚养费”，包括子女生活费、教育费、医疗费等费用。

第四十九条 抚养费的数额，可以根据子女的实际需要、父母双方的负担能力和当地的实际生活水平确定。

有固定收入的，抚养费一般可以按其月总收入的百分之二十至三十的比例给付。负担两个以上子女抚养费的，比例可以适当提高，但一般不得超过月总收入的百分之五十。

无固定收入的，抚养费的数额可以依据当年总收入或者同行业平均收入，参照上述比例确定。

有特殊情况的，可以适当提高或者降低上述比例。

9. 孩子的抚养费该如何约定?

案情简介

冯先生和妻子各自忙于工作多年，矛盾不断增多，二人商量后决定离婚，孩子的抚养权归妻子。此时，对于孩子的抚养费，张先生想知道该如何和妻子进行约定?

律师说法

一方面，有固定收入的，可以根据其月收入 20%~30% 的比例给孩子抚养费。实际的抚养费可以根据孩子的生活需要，以及双方父母的给付能力，也可以结合当地的生活水平来确定。

另一方面，对于没有固定收入的父母，离婚后孩子抚养费该怎么算呢？可以根据当地的平均收入或同行业平均收入，情况较为困难的父母一方，可以根据实际情况适当降低抚养费，也可以对条件优越的父母一方适当提高抚养费。

法条链接

《中华人民共和国民法典》

第一千零八十五条第一款 离婚后，子女由一方直接抚养的，另一方应当负担部分或者全部抚养费。负担费用的多少和期限的长短，由双方协议；协议不成的，由人民法院判决。

10. 未婚未育的成年人收养孩子需要满足哪些条件？

案情简介

刘女士今年37岁，在福利院接触到一个孩子，理性考虑后决定收养，但是她不知道自己未婚未育，可不可以收养孩子呢？

律师说法

刘女士是可以收养孩子的。但是需要满足以下条件：1. 无子女或者只有一名子女；2. 有抚养、教育和保护被收养人的能力；3. 未患有在医学上认为不应当收养子女的疾病；4. 无不利于被收养人健康成长的违法犯罪记录；5. 年满30周岁。

法条链接

《中华人民共和国民法典》

第一千零九十八条 收养人应当同时具备下列条件：

（一）无子女或者只有一名子女；

（二）有抚养、教育和保护被收养人的能力；

（三）未患有在医学上认为不应当收养子女的疾病；

（四）无不利于被收养人健康成长的违法犯罪记录；

（五）年满三十周岁。

11. 未婚妈妈可以向男朋友索要抚养费吗？

案情简介

李女士和男朋友同居期间，生下了女儿。后因男朋友家人阻挠，两

人分手。分手后，女儿由李女士抚养。作为未婚妈妈，李女士不得不辞职在家照顾孩子，同时面临没有经济收入的困境。那么李女士能够向男朋友索要抚养费吗？

律师说法

我国法律规定，非婚生子女享有与婚生子女同等的权利，任何组织或者个人不得加以危害和歧视。不直接抚养非婚生子女的生父或者生母，应当负担未成年子女或者不能独立生活的成年子女的抚养费。

根据上述法律规定可知，李女士的男朋友应当负担女儿的生活费和教育费，直至其能够独立生活为止。

法条链接

《中华人民共和国民法典》

第一千零七十一条 非婚生子女享有与婚生子女同等的权利，任何组织或者个人不得加以危害和歧视。

不直接抚养非婚生子女的生父或者生母，应当负担未成年子女或者不能独立生活的成年子女的抚养费。

12. 夫妻育有一子女，是否还可以收养孩子？

案情简介

李女士和丈夫育有一子，很想要个女儿，想知道夫妻两人已有一名子女的还可以收养孩子吗？

律师说法

根据《中华人民共和国民法典》第一千一百条第一款的规定，无子女的收养人可以收养两名子女；有子女的收养人只能收养一名子女。因

此，李女士和丈夫可以收养一名子女。

法条链接

《中华人民共和国民法典》

第一千零九十八条 收养人应当同时具备下列条件：

（一）无子女或者只有一名子女；

（二）有抚养、教育和保护被收养人的能力；

（三）未患有在医学上认为不应当收养子女的疾病；

（四）无不利于被收养人健康成长的违法犯罪记录；

（五）年满三十周岁。

第一千一百条第一款 无子女的收养人可以收养两名子女；有子女的收养人只能收养一名子女。

13. 夫妻离婚，孩子抚养权如何归属？

案情简介

王女士几年前与丈夫结婚，婚后育有一女，现为3周岁。现在王女士想和丈夫离婚，请问孩子可归谁抚养？

律师说法

对于2周岁以上的未成年子女的抚养归属问题，如果父母双方协商无效，则由人民法院综合子女的权益、双方的抚养能力、抚养条件等各方面因素作出判决。

绝对优先直接抚养条件为：父母双方均要求子女随其生活的，父母一方有下列情形之一的，可优先考虑：1. 已做绝育手术或因其他原因丧失生育能力的；2. 子女随其生活时间较长，改变生活环境对子女健康成长明显不利的；3. 无其他子女，而另一方有其他子女的；4. 子女随其生

活，对子女成长有利，而另一方患有久治不愈的传染性疾病或其他严重疾病，或者有其他不利于子女身心健康的情形，不宜与子女共同生活的。

法条链接

《中华人民共和国民法典》

第一千零八十四条 父母与子女间的关系，不因父母离婚而消除。离婚后，子女无论由父或者母直接抚养，仍是父母双方的子女。

离婚后，父母对于子女仍有抚养、教育、保护的权利和义务。

离婚后，不满两周岁的子女，以由母亲直接抚养为原则。已满两周岁的子女，父母双方对抚养问题协议不成的，由人民法院根据双方的具体情况，按照最有利于未成年子女的原则判决。子女已满八周岁的，应当尊重其真实意愿。

14. 养子女是否对生父母有赡养义务？

案情简介

李女士从出生起便由养父母收养，现在亲生父母想和她相认，李女士想知道，自己以后对亲生父母有赡养义务吗？

律师说法

如果收养家庭办理了合法的收养手续，就可以视为收养关系成立。与此同时，养子女与亲生父母之间的权利和义务自然消除。这种情况下，被收养的孩子长大后可以不承担对亲生父母的赡养义务。当然，法律不禁止孩子自愿对生父母尽义务。

如果收养家庭没有办理相关收养手续，则收养关系在法律上并没有被正式认可，子女与亲生父母之间的权利义务关系没有消除。这种情况下，被收养的孩子长大后应当承担对亲生父母的赡养义务。

法条链接

《中华人民共和国民法典》

第一千一百一十七条　收养关系解除后，养子女与养父母以及其他近亲属间的权利义务关系即行消除，与生父母以及其他近亲属间的权利义务关系自行恢复。但是，成年养子女与生父母以及其他近亲属间的权利义务关系是否恢复，可以协商确定。

15. 成年子女上大学后，父母还有义务支付抚养费吗？

案情简介

张先生的父母离婚时，法院判决张先生随母亲生活，父亲给付抚养费。后来，张先生考上大学，父亲以其已满18周岁为由不再给付抚养费。张先生想知道，他能诉讼要求父亲依法支付大学期间的学杂费和生活费吗？

律师说法

《最高人民法院关于适用〈中华人民共和国民法典〉婚姻家庭编的解释（一）》第四十一条规定，尚在校接受高中及其以下学历教育，或者丧失、部分丧失劳动能力等非因主观原因而无法维持正常生活的成年子女，可以认定为《中华人民共和国民法典》第一千零六十七条规定的“不能独立生活的成年子女”。很显然，张先生已经上了大学，超出法律规定的“不能独立生活的成年子女”的范围，并非在校接受高中及其以下学历教育，不属于未成年或不能独立生活的子女，故不能诉讼要求父亲给付上大学的费用。

法条链接

《中华人民共和国民法典》

第一千零六十七条第一款 父母不履行抚养义务的，未成年子女或者不能独立生活的成年子女，有要求父母给付抚养费的权利。

《最高人民法院关于适用〈中华人民共和国民法典〉婚姻家庭编的解释（一）》

第四十一条 尚在校接受高中及其以下学历教育，或者丧失、部分丧失劳动能力等非因主观原因而无法维持正常生活的成年子女，可以认定为民法典第一千零六十七条规定的“不能独立生活的成年子女”。

16. 一次性付清抚养费后还可要求增加吗？

案情简介

程女士10年前离婚，4岁的儿子随自己生活，前夫一次性付清了儿子的抚养费。现在自己失业，儿子上初中开支增加，抚养费也用完了，前夫拒绝再付抚养费。程女士想知道，她还能替儿子再要些抚养费吗？

律师说法

子女抚养费在必要时可以增加。关于子女生活费和教育费的协议或判决，不妨碍子女在必要时向父母任何一方提出超过协议或判决原定数额的合理要求。同时子女要求增加抚养费有下列情形之一，父或母有给付能力的，应予支持：1. 原定抚育费数额不足以维持当地实际生活水平的；2. 因子女患病、上学，实际需要已超过原定数额的；3. 有其他正当理由要求增加的。因此，子女抚养费在必要时可以增加。

法条链接

《中华人民共和国民法典》

第一千零八十五条 离婚后，子女由一方直接抚养的，另一方应当负担部分或者全部抚养费。负担费用的多少和期限的长短，由双方协议；协议不成的，由人民法院判决。

前款规定的协议或者判决，不妨碍子女在必要时向父母任何一方提出超过协议或者判决原定数额的合理要求。

17. 离婚后经济困难，可以向前夫主张抚养费吗？

案情简介

张女士与前夫离婚时约定，孩子由她抚养，前夫不支付抚养费，她自愿承担孩子的所有费用。张女士想知道之后还能追要抚养费吗？

律师说法

张女士的孩子可以向其父亲追要抚养费。抚养教育子女是父母的法定义务，实践中有当事人为实现尽快离婚的目的，或在抚养权中争取处于优势地位，往往在对方今后支付子女抚养费上作出让步，甚至约定对方不用支付子女的抚养费，但这并不意味着父母对子女的抚养义务就可以免除。

法条链接

《中华人民共和国民法典》

第一千零六十七条 父母不履行抚养义务的，未成年子女或者不能独立生活的成年子女，有要求父母给付抚养费的权利。

成年子女不履行赡养义务的，缺乏劳动能力或者生活困难的父母，有要求成年子女给付赡养费的权利。

《最高人民法院关于适用〈中华人民共和国民法典〉婚姻家庭编的解释（一）》

第四十二条 民法典第一千零六十七条所称“抚养费”，包括子女生活费、教育费、医疗费等费用。

第四十三条 婚姻关系存续期间，父母双方或者一方拒不履行抚养子女义务，未成年子女或者不能独立生活的成年子女请求支付抚养费的，人民法院应予支持。

第五十二条 父母双方可以协议由一方直接抚养子女并由直接抚养方负担子女全部抚养费。但是，直接抚养方的抚养能力明显不能保障子女所需费用，影响子女健康成长的，人民法院不予支持。

第五十三条 抚养费的给付期限，一般至子女十八周岁为止。

十六周岁以上不满十八周岁，以其劳动收入为主要生活来源，并能维持当地一般生活水平的，父母可以停止给付抚养费。

第五十五条 离婚后，父母一方要求变更子女抚养关系的，或者子女要求增加抚养费的，应当另行提起诉讼。

18. 被收养人能否继承亲生父母的财产？

案情简介

张先生的妹妹从小被人收养，但最近妹妹和他的养父母解除了收养关系，这种情况下，妹妹是否可以继承亲生父母的财产？

律师说法

能否继承亲生父母的财产主要看张先生妹妹的年龄。首先，《中华人民共和国民法典》明确规定，国家保护合法的收养关系，养子女和生父母间的权利和义务，因收养关系的成立而消除。

但若收养关系解除后，养子女与养父母及其他近亲属间的权利义务关系自行消除，与生父母及其他近亲属间的权利义务关系自行恢复，但成年养子女与生父母及其他近亲属间的权利义务关系是否恢复，可以协商确定。

因此，妹妹能否继承亲生父母的财产需要看其是否是成年人，如果是成年人可以双方协商确定。

法条链接

《中华人民共和国民法典》

第一千一百一十七条 收养关系解除后，养子女与养父母以及其他近亲属间的权利义务关系即行消除，与生父母以及其他近亲属间的权利义务关系自行恢复。但是，成年养子女与生父母以及其他近亲属间的权利义务关系是否恢复，可以协商确定。

19. 拒绝支付抚养费怎么办？

案情简介

李某与徐某于2000年结婚，生育一子李小某，几年后双方因感情不和协议离婚，离婚协议约定李小某归李某抚养，徐某不必承担抚养费。5年后，随着李小某上学开销越来越多，李某不堪经济重负，于是跟徐某协商要求徐某按月支付李小某抚养费，但徐某以没有收入为由拒绝支付抚养费，这样的理由合理吗？

律师说法

根据《中华人民共和国民法典》第一千零八十五条第一款的规定，离婚后，子女由父母一方直接抚养的，另一方应当承担部分或全部抚养费。负担费用的多少和期限的长短，由双方协议，协议不成的，由人民法院判决。没有收入不是拒绝支付抚养费的理由，离婚后，不抚养孩子

的一方必须支付抚养费。徐某这样的理由是不合理的。

法条链接

《中华人民共和国民法典》

第一千零八十五条 离婚后，子女由一方直接抚养的，另一方应当负担部分或者全部抚养费。负担费用的多少和期限的长短，由双方协议；协议不成的，由人民法院判决。

前款规定的协议或者判决，不妨碍子女在必要时向父母任何一方提出超过协议或者判决原定数额的合理要求。

20. 离婚多年后，可以要回抚养权吗?

案情简介

吴先生已经离婚4年了，有个10岁的女儿，一直跟着前妻，现在吴先生想要回抚养权，可以吗?

律师说法

对于抚养权的变更问题，如果吴先生和前妻能够协商一致，是可以变更的。如果无法协商一致，现在孩子已经10岁，考虑到孩子自己的意愿，能很大程度上影响抚养权的变更。如果孩子愿意跟吴先生一起生活，他争取到孩子抚养权的可能性就比较大。如果无法协商一致，孩子也不愿意跟着吴先生，除非他能证明女方现在不适宜抚养孩子，否则要求变更抚养权会比较困难。

法条链接

《最高人民法院关于适用〈中华人民共和国民法典〉婚姻家庭编的解释(一)》

第五十五条 离婚后，父母一方要求变更子女抚养关系的，或者子女要求增加抚养费的，应当另行提起诉讼。

21. 大学生能否请求父母给付抚养费？

案情简介

房先生成年后，父母离婚，双方约定房先生随父亲生活，由父亲负担其抚养费。因父亲未支付房先生学费，而房先生系在校大学生，没有经济来源，是否可以请求父亲支付其在大学期间的抚养费？

律师说法

民事主体从事民事活动，应当遵循诚信原则，秉持诚实，恪守承诺。房先生父母离婚时关于房先生的抚养及抚养费的约定系当事人真实意思表示且不违反法律规定，应对双方都产生法律上的约束力，因此子女可以依照该协议约定主张抚养费。

房先生父母达成调解协议时，房先生已是成年大学生，房先生父亲明知该情况仍然约定自愿承担抚养费，该约定也是离婚协议的一部分，系房先生父亲为达成离婚协议而自愿承担对房先生的抚养义务。

但在司法实践中，根据《最高人民法院关于适用〈中华人民共和国民法典〉婚姻家庭编的解释（一）》第四十一条的规定，“不能独立生活的成年子女”，是指尚在校接受高中及其以下学历教育，或者丧失或未完全丧失劳动能力等非主观原因而无法维持正常生活的成年子女。因此，如果父母的离婚协议中未对成年大学生子女的抚养费作出特别约定，则成年大学生子女无权要求支付抚养费。

法条链接

《中华人民共和国民法典》

第七条 民事主体从事民事活动，应当遵循诚信原则，秉持诚实，

恪守承诺。

第一千零六十七条第一款　父母不履行抚养义务的，未成年子女或者不能独立生活的成年子女，有要求父母给付抚养费的权利。

《最高人民法院关于适用〈中华人民共和国民法典〉婚姻家庭编的解释（一）》

第四十一条　尚在校接受高中及其以下学历教育，或者丧失、部分丧失劳动能力等非因主观原因而无法维持正常生活的成年子女，可以认定为民法典第一千零六十七条规定的“不能独立生活的成年子女”。

图书在版编目（CIP）数据

胜诉共赢：民法典婚姻家庭编百问百答 / 周旭亮，任战敏著 .—北京：中国法制出版社，2022.5

ISBN 978-7-5216-2655-1

Ⅰ .①胜…　Ⅱ .①周… ②任…　Ⅲ .①婚姻法—中国—问题解答　Ⅳ .① D923.905

中国版本图书馆 CIP 数据核字（2022）第 073903 号

策划编辑 / 责任编辑：吕静云（lvjingyun0328@sina.com）　封面设计：杨泽江

胜诉共赢：民法典婚姻家庭编百问百答

SHENGSU GONGYING：MINFADIAN HUNYIN JIATINGBIAN BAIWENBAIDA

著者 / 周旭亮　任战敏

经销 / 新华书店

印刷 / 三河市紫恒印装有限公司

开本 / 710 毫米 ×1000 毫米　16 开　印张 / 13.5　字数 / 194 千

版次 / 2022 年 5 月第 1 版　2022 年 5 月第 1 次印刷

中国法制出版社出版

书号 ISBN 978-7-5216-2655-1　定价：49.80 元

北京市西城区西便门西里甲 16 号西便门办公区

邮政编码：100053　传真：010-63141600

网址：http://www.zgfzs.com　编辑部电话：010-63141781

市场营销部电话：010-63141612　印务部电话：010-63141606

（如有印装质量问题，请与本社印务部联系。）